# LOI

# DE L'ENREGISTREMENT

## DU 22 FRIMAIRE AN 7 (12 DÉCEMBRE 1798),

### COMMENTÉE

AU MOYEN DE SA CONFÉRENCE AVEC LES LOIS POSTÉRIEURES

## PAR M. PERRY,

RECEVEUR DE L'ENREGISTREMENT ET DES DOMAINES.

*DEUXIÈME ÉDITION*

MISE AU COURANT DE LA LÉGISLATION.

## PARIS

VEUVE JOUBERT, LIBRAIRE,

RUE DES GRÈS, N° 14.

1853

# AVERTISSEMENT.

La première partie de la loi, celle qui comprend les principes du droit et les règles de la perception, a subi peu de changements depuis 1847, époque de la publication de cet ouvrage ; ces changements sont indiqués au commencement de la dernière partie, laquelle a dû être entièrement refondue. Le Tarif, en effet, dans ces derniers temps, a été l'objet de modifications importantes. Il n'est plus fait de distinction pour le taux des droits exigibles, entre les biens meubles et les biens immeubles, en ce qui concerne les transmissions de biens meubles à titre gratuit entre-vifs, et celles qui s'effectuent par décès ; les transmissions entre-vifs à titre gratuit et les mutations par décès d'inscriptions sur le grand-livre de la dette publique, sont soumises aux droits proportionnels comme les autres valeurs. Ces dispositions importantes et quelques autres, corroborées par des mesures d'ordre, ont eu à la fois pour résultat de simplifier la liquidation des droits, et de procurer au Trésor une notable augmentation de produits. D'un autre côté, les droits applicables aux obligations de sommes et aux libérations ont été réduits de moitié. Des modifications plus profondes encore nous sont préparées peut-être par le régime organisateur que nous venons de reprendre. Il resterait dès à présent à faire disparaître quelques anomalies que les révisions multipliées du Tarif, sans travail d'ensemble, y ont introduites ; par exemple, la différence qui, depuis la loi de 1816, existe encore entre les droits des licitations et soultes de partages et les droits des ventes ordinaires, d'où, à cause du droit de transcription, surgissent de continuelles difficultés : ce pourrait être une occasion de réduire au taux uniforme de cinq pour cent le droit sur toutes ces transmissions. On doit enfin présumer que la plus prochaine réduction qui serait jugée praticable dans le tarif si important de l'enregistrement, et de nature à profiter en même temps à toutes ses parties, consisterait dans la suppression du décime par franc, contribution que chaque budget, depuis l'an 7, voit s'ajouter *accessoirement* au droit principal. — Le contribuable est, en général, moins porté qu'on ne le suppose à dissimuler les valeurs servant de base aux transactions ; il tend, au contraire, à préférer l'expression de la réalité, lorsque le taux modéré du Tarif ne l'en détourne pas, et alors surtout que des mesures assurant une juste et convenable répartition donnent au paiement de l'impôt ce caractère d'égalité et de proportionnalité qui devrait toujours en ressortir. D'essentielles améliorations pourront simplifier et atténuer, à l'avantage du Trésor public et des redevables, la perception de certains droits d'enregistrement que la loi qualifie de proportionnels. Notamment, il ne serait pas impossible de songer à donner une autre assiette à la perception de ceux de ces droits élevés qui, à divers titres, grèvent inégalement la propriété territoriale. Le droit qui, indépendamment de la volonté, quant à la fixation de la valeur, frappe les biens transmis par décès ou par donation entre-vifs, ne pourrait-il pas être basé sur un taux déterminé d'avance du revenu réel de la commune où les biens sont situés ? D'autre part, pour les transmissions à titre onéreux, pour les ventes proprement dites, serait effacée, par un moyen semblable, cette inégalité résultant de ce que le droit s'applique non seulement à la valeur réelle, mais au prix de convention, ce prix fût-il en certains cas double, triple de la véritable valeur ? L'impôt se transformerait de cette manière en une contribution directe, ayant le même objet que celle qui est permanente, et n'en différant, du reste, que par une application subordonnée à des mutations variables. La répartition deviendrait équitable ; la fraude, si démoralisatrice, n'aurait plus de prétexte. Mais on n'atteindrait pas, on le conçoit facilement, à un tel but, sans quelques mesures indispensables, telles qu'une tenue plus exacte du cadastre, une évaluation du revenu réel sur la matrice cadastrale, ou une proportion légalement établie entre le revenu réel et le revenu cadastral ; la concentration des matrices cadastrales au chef-lieu de chaque canton, sous la direction d'un employé spécial qui serait tenu d'en délivrer à peu de frais des extraits et des plans, satisfaction convenable à donner aux innombrables possesseurs du sol. Les actes, les mutations de toutes sortes devraient alors reproduire toutes les indications du cadastre, ou plutôt reposer sur un extrait littéral de ces matrices, qui serait joint à l'acte ou à la déclaration. Par suite, les changements parcellaires s'accompliraient bientôt, pour ainsi dire, d'eux-mêmes. — Pour que tous ces perfectionnements fussent atteints, et que l'État et les particuliers en pussent réaliser sûrement les fruits, il faudrait enfin qu'un abus ancien et profond cessât d'y opposer des obstacles. A mesure que l'instruction s'est répandue, les actes sous-seing privé, comme on devait s'y attendre, se sont multipliés, œuvre le plus souvent imparfaite, vicieuse, soit des parties elles-mêmes, soit de praticiens intéressés et sans aucun titre légal. Nuisibles au Trésor public, ces formes nouvelles des actes ne sont pas moins contraires à l'intérêt général. En même temps que seraient posées des règles plus précises et plus sévères quant aux actes sous seing privés qui, par exception, seraient tolérés, lorsqu'ils n'auraient pour objet que certaines transactions mobilières, telles que des actes de commerce, il serait avantageux de les supprimer absolument en tout ce qui a rapport aux baux, partages, attributions et transmissions de toute espèce portant sur des biens et droits de nature immobilière; car si l'assujettissement de ces actes à la formalité de l'enregistrement dans un délai déterminé, sous peine de nullité, pouvait obvier jusqu'à un certain point au préjudice que le Trésor public en éprouve, cette demi-mesure laisserait subsister les inconvénients qu'entraînent une rédaction imparfaite et le défaut de publicité. Il s'ensuivrait plus de facilité à introduire dans les actes notariés eux-mêmes des formes plus complètes au sujet des désignations et, dans quelques contrées, des origines de propriété, en même temps qu'on pourrait, comme l'observation en a été déjà faite dans l'Introduction, favoriser, améliorer aussi en quelques parties cette ancienne et précieuse institution du notariat, destinée à sauvegarder les intérêts privés, et à qui seule, par conséquent, revient, dans l'esprit de son institution et dans l'intérêt de la société, la rédaction et la conservation de tous les actes.

# INTRODUCTION.

Le mot *Contrôle* signifie vérification et, par suite, mention sommaire sur un registre public, pour faire foi et y avoir recours au besoin : *in publicas tabulas instrumentum aliquod referre*. De là, plus tard, *l'Enregistrement*.

Le contrôle, pas plus que les autres impôts, n'existait dans les premiers siècles de la monarchie. Y rechercher son établissement, en remontant jusqu'à ces origines confuses sur lesquelles il existe tant de systèmes divers, c'est confondre cette formalité ou cet impôt avec des institutions qui, postérieurement même, n'ont fait qu'en suggérer l'idée ou bien, à l'aide de quelques modifications, en préparer l'assiette et fournir les éléments. Les Romains, dit Montesquieu, avaient créé chez eux divers tributs qui étaient levés sur la personne ou les biens des hommes libres; ils les importèrent dans les Gaules, après en avoir pris possession. Lorsque les Francs eurent envahi les Gaules et conquis tout le pays, les Gaulois et les Romains se virent bientôt exemptés des taxes et tributs auxquels ils étaient assujettis sous les Empereurs. Les Francs se contentèrent de prendre ce qui fut à leur convenance, l'or, l'argent, les meubles, et les hommes, les femmes, les garçons, dont ils pouvaient se charger et qu'ils partageaient en commun, enfin quelques terres qui devinrent les domaines des premiers rois; laissant d'ailleurs aux peuples envahis les droits civils et politiques. Ce n'étaient que la révolte, la résistance, la prise des villes, qui emportaient avec elles la servitude des habitans (1). Des peuples, ajoute l'auteur de l'Esprit des lois, des peuples simples, pauvres, libres, guerriers, pasteurs, qui vivaient sans industrie et ne tenaient à leurs terres que par des cases de jonc, suivaient des chefs pour faire du butin, et non pas pour payer ou lever des tributs. Comme les Francs eux-mêmes et comme les anciens Germains, ils gardèrent la frontière, ils suivirent les chefs dans les guerres, et leurs fournissaient des chevaux, des armes, des charriots et des vivres. Des droits attachés à la possession de certaines terres commencèrent bien alors à s'établir peu à peu; mais cette sorte de tribut que le roi, les ecclésiastiques et les seigneurs levaient chacun sur les serfs de ses domaines, et dont les hommes libres étaient exempts, n'était pas le même que le *census* des Romains; il consistait en droits économiques et non pas

---

(1) Montesquieu observe que, comme, outre les guerres que les différentes nations conquérantes firent entre elles, il y eut cela de particulier chez les Francs, que les divers partages de la monarchie firent naître sans cesse des guerres civiles entre les frères ou neveux, il s'ensuivit que les servitudes devinrent plus générales en France que dans les autres pays. Aussi, dans le commencement de la première race, on voit un nombre infini d'hommes libres, soit parmi les Francs, soit parmi les Romains : mais le nombre des serfs augmenta tellement, qu'au commencement de la troisième race, les laboureurs et presque tous les habitants des villes se trouvèrent serfs: et, au lieu que dans le commencement de la première il y avait dans les villes à peu près la même administration que chez les Romains, des corps de bourgeoisie, un sénat, des cours de judicature, on ne trouve guère, vers le commencement de la troisième, qu'un seigneur et des serfs. Une infinité de terres que les hommes libres faisaient valoir se changèrent en main-mortables: quand un pays se trouva privé des hommes libres qui l'habitaient, ceux qui avaient beaucoup de serfs prirent ou se firent céder de grands territoires, et y bâtirent des villages. D'un autre côté, les hommes libres qui cultivaient les arts se trouvèrent être des serfs qui devaient les exercer.

fiscaux, en redevances uniquement privées, et non pas en des charges publiques ; il n'y avait point de cens général dans la monarchie, et le cens dont il s'agit était un droit particulier levé sur les serfs par les maîtres. Un autre cens personnel, *census in capita*, était de semblable nature.

De même que les mœurs et coutumes féodales, et ensuite les progrès du gouvernement, modifièrent et étendirent successivement les obligations simples que les besoins seuls de la guerre avaient créées chez des peuples encore barbares, ainsi des institutions nouvelles nécessitèrent le rétablissement insensible de quelques uns des impôts en usage sous les empereurs Romains, et la création d'impôts nouveaux, dont l'origine se rattache plus ou moins soit à ceux-là, soit à ceux que la féodalité déguisait sous d'autres noms ou imposait aux serfs seulement (2).

Bosquet pense que de *l'insinuation* et de la *formule* (3), précautions qui furent prises par les

---

(2) Presque tous nos impôts sont anciens. Voici comment s'expliquait sur les impôts de son temps un auteur qui écrivait il y a près de deux siècles. On reconnaîtra dans son énumération nos contributions personnelle et mobilière, des patentes, foncières, indirectes et des douanes, et les octrois ; ses détails sur le mode d'assiette et de perception de cette époque méritent aussi d'être reproduits.

« L'imposition personnelle des tailles, ou contribution sur les personnes à raison de leurs biens, tant meubles qu'immeubles, et des profits que leur industrie leur produit, est ordonnée par le Prince, qui fixe la somme qu'il veut être imposée dans tout le royaume. Cette somme totale est ensuite divisée par les vingt-trois Généralités du royaume ; et les Trésoriers de France, qui en sont les premiers officiers, en font une seconde répartition aux cent soixante-neuf Élections ; chaque Élection en fait une troisième qu'on nomme l'assiette, et l'envoient aux villes, bourgs, et villages, où ceux qui sont préposés à faire les cotisations personnelles font les rôles, selon lesquels chacun est taxé à ce qu'il doit porter selon ses facultés. Les contributions personnelles ne s'imposent, dans le lieu du domicile, que sur chaque chef de famille.

L'imposition de la taille réelle, ou contributions sur les fonds, sans égard aux personnes, se fait dans le même ordre en chaque ville, bourg ou village de la province où elle est en usage ; et cela à proportion de ce qu'en doivent porter les héritages situés dans le département auquel ils sont sujets : ce qui s'exécute par les officiers qui sont préposés à cet effet. Les tailles réelles ne s'imposent que dans les lieux mêmes où sont situés les fonds. C'est ce qui se pratiquait chez les Romains : *agri enim tributum in eam civitatem debet levari in cujus territorio possidetur*.

L'imposition sur les denrées et sur les marchandises qui y sont sujettes, ou contributions sur les choses mobilières sans égard aux personnes, sur le sel, le vin, les bois, etc., se lève dans les lieux par où elles passent, ou bien là où elles se débitent, conformément à leur nature ou selon leur nombre, poids ou mesure, et aux règlements du Prince, qui en fixent la contribution par les tarifs qui contiennent la taxe qu'il faut payer pour chaque chose.

Les deniers d'octroi ne se portent pas au Trésor du Roi, mais sont employés aux besoins des villes ; néanmoins ils ne peuvent être levés qu'avec la permission du Roi, tant pour obvier aux abus que ceux qui sont préposés à une telle levée et à l'emploi qu'on doit en faire pourraient commettre, que parce qu'ils tournent indirectement à l'avantage du Prince, dont il est de l'intérêt que toutes les villes soient bien policées et tenues en bon état. Les ecclésiastiques, les nobles et les officiers ne sont point distingués des simples bourgeois, quand la ville fait une telle imposition, et tous y sont également sujets, à la différence des autres impôts, dont quelques uns ne sont exigibles que sur les seuls roturiers. »

(3) Ces deux institutions sont la source de tout notre système d'enregistrement, d'hypothèque et de timbre. L'INSINUATION était une formalité pour rendre notoire, par un enregistrement, les dispositions des actes dont le public a intérêt d'avoir connaissance, à l'effet d'empêcher les fraudes clandestines qui se pourraient pratiquer au préjudice des personnes intéressées. La nécessité de l'insinuation des donations entre-vifs fut établie par l'em-

lois romaines pour garantir les droits des créanciers et fixer le texte des contrats, est née l'idée de celle du contrôle.

---

pereur Constantin le Grand, pour remédier aux fraudes que l'on pourrait faire au préjudice des créanciers: L. *data jam pridem*. Cette formalité fut introduite en France par l'article 132 de l'ordonnance de François 1, donnée à Villers-Cotterets en 1539, portant que toutes donations qui seront faites ci-après seront insérées et enregistrées dans les cours et juridictions ordinaires des parties et des choses données, autrement, seront réputées nulles, et ne commenceront à avoir leur effet que du jour de ladite insinuation, et ce, quant aux donations faites en la présence des donataires et par eux acceptées. Des édits ou déclarations de 1549, 1553, 1703, 1704, 1722, 1731 et 1769, étendirent la nécessité de l'insinuation à tous les contrats, actes et mutations translatifs de propriété de biens immeubles, dont le public est intéressé à avoir connaissance, et réglèrent les droits à percevoir au profit du Trésor pour cette formalité, et qui étaient d'un centième denier du prix ou de la valeur des biens: car, pour cette formalité comme pour le contrôle, le droit fiscal se confondit bientôt avec la formalité légale. L'insinuation fut d'abord confiée à des greffiers des insinuations ayant titre héréditaire, puis réunie en 1704 à la ferme du contrôle des actes des notaires. Elle devait avoir lieu, dans les bureaux de la situation des biens, à la diligence, soit des parties, soit des notaires et tabellions. Les possesseurs d'immeubles à titre successif étaient pareillement tenus de faire la déclaration, au bureau de l'insinuation, des immeubles à eux avenus, à l'exception des successions en ligne directe. La publication du code civil a mis fin à l'insinuation, remplacée par le régime hypothécaire : V. la note sur l'art. 72 de la loi du 22 frimaire an 7.

FORMULE, était le nom générique par lequel on entendait les papiers et parchemins timbrés ; parce que, par la déclaration du Roi, du 19 Mars 1673, il avait été ordonné qu'il serait dressé un recueil de *formules*, tant des actes judiciaires que de ceux des notaires. Ces formules n'ont jamais eu lieu par rapport aux difficultés et aux inconvénients qu'on y trouva ; néanmoins, les papiers et parchemins timbrés, dont l'usage fut ensuite ordonné, avaient retenu ce nom de *formule*, dont on se servait communément pour exprimer le Timbre des papiers et parchemins; l'on disait la ferme de la formule, les employés de la formule, le bureau de la formule, etc. — Quoique l'établissement du timbre des papiers et parchemins en France ne soit que du dix-septième siècle, on peut dire qu'en général cette formalité est fort ancienne, puisque son origine remonte au temps des Romains. En effet, l'empereur Justinien, considérant le grand nombre d'actes que les tabellions de Constantinople recevaient journellement, et voulant prévenir certaines faussetés qui pouvaient s'y glisser, ordonna par sa novelle 44, *de tabellionibus, et ut protocola dimittant in Chartis*, que lesdits tabellions ne pourraient recevoir les originaux des actes de leur ministère, que sur du papier en tête duquel (c'est ce que l'on appelait le protocole) serait marqué le nom de l'intendant des finances alors en place, le temps de la fabrication du papier, et les autres choses que l'on avait coutume de mettre en tête des originaux des actes ; il leur défendait d'altérer ces marques et titres, et défendait aux juges d'avoir égard aux actes écrits sur du papier qui ne serait pas revêtu, en tête, de ces marques. Il est vrai qu'à l'exception de la ville de Constantinople où cette formalité était établie, pour les actes des tabellions seulement, l'on ne se servait point anciennement de papier et parchemin timbrés. Il n'y avait aucune marque sur les actes publics qui les distinguât des écritures privées. On tient communément que le papier et le parchemin timbrés commencèrent à être établis en Espagne et en Hollande vers l'an 1555. Ils le furent ensuite en Allemagne et dans les Pays-Bas de la domination impériale. On se servait au dernier siècle de papiers et parchemins timbrés pour tous les actes publics dans toute l'Angleterre, l'Écosse et l'Irlande ; on lit même dans l'Encyclopédie, article Gazette, qu'on ne peut imprimer les gazettes à Londres que sur du papier timbré, ce qui (observe Bosquet) n'est pas une taxe indifférente pour l'État. Les papiers et parchemins timbrés étaient aussi alors en usage en Lorraine et dans le Barrois, en Italie, dans le Comtat d'Avignon et dans plusieurs autres états de l'Europe. Ce n'est qu'en 1655, qu'on a tenté d'en introduire l'usage en France: Louis XIV donna un édit, au mois de Mars de cette année, portant établissement d'une marque sur le papier et le parchemin, pour la validité des actes qui s'expédieraient dans le royaume; mais cet édit n'eut point d'exécution. Par une déclaration du Roi du 19 Mars 1673, il fut ordonné qu'il serait dressé un recueil de *formules* des actes judiciaires et des actes des notaires, pour y avoir recours au besoin ; et que sur ces *formules* il serait imprimé des exemplaires de chaque nature d'actes, lesquels seraient marqués en tête d'une fleur-de-lys, et *timbrés* de la qualité et substance des actes comme aussi du droit qui serait perçu. Par une autre déclaration du Roi, donnée au camp

Un édit de Henri III, donné à Blois au mois de juin 1581, époque où la formalité de l'insinuation était déjà en vigueur depuis quelques années, institua le premier le contrôle,

de Maestrich, le 2 juillet 1673, il fut ordonné qu'en attendant que les formules fussent perfectionnées, les actes publics ne pourraient être écrits que sur du papier et parchemin marqué en tête d'une fleur-de-lys, et timbré de la qualité et substance des actes, avec mention du droit porté par le tarif du 22 avril de la même année. Il fut fait, par arrêt du conseil du 3 avril 1674, un réglement général, en vingt articles, pour l'usage et la distribution du papier et parchemin timbré. Par édit du même mois d'avril 1674, le droit établi sur le papier et parchemin timbré fut supprimé et converti en un autre droit, à prendre généralement sur tout le papier et parchemin qui se fabriquerait, et se consommerait dans le royaume. Mais les inconvénients et le préjudice qui pouvaient résulter de cet établissement à l'égard de plusieurs manufactures du royaume, déterminèrent Louis XIV à donner un autre édit au mois d'août 1674, par lequel celui du mois d'avril précédent fut entièrement révoqué et supprimé ; en conséquence cet édit ordonne la continuation de l'usage des papiers et parchemins timbrés ; au lieu de timbres différents pour chacun des actes, les officiers et ministres de justice et autres personnes assujetties à l'usage de la formule par les précédents réglements, devaient se servir de papier et parchemin marqués seulement d'une fleur-de-lys et du nom de la généralité dans laquelle la consommation en devait être faite, avec tel caractère particulier qui serait jugé nécessaire par les fermiers, par chaque généralité. C'est cet édit du mois d'août 1674 que l'on doit considérer comme ayant fixé et déterminé l'établissement des papiers et parchemins timbrés.— Une loi du 7-11 février 1791 a révisé l'ancienne législation du timbre en général, et établi un nouveau timbre dit proportionnel, c'est-à-dire dont le prix varie à raison des sommes, qui est destiné particulièrement aux effets du commerce et aux obligations privées. — Une loi du 13 Brumaire an 7 forme la législation en vigueur, sauf les modifications qu'elle a subies depuis sa promulgation.

— Aux notices qui précèdent et dont le fond est emprunté au dictionnaire des Domaines de Bosquet, il est à propos de joindre quelques détails sur les fonctions de NOTAIRES et TABELLIONS dont il est souvent question dans les lois du contrôle.

La fonction du notaire chez les Romains était de rédiger les actes par *notes* abregées ; ces notes n'étaient obligatoires qu'après avoir été écrites en lettres par le tabellion, et que les parties y avaient apposé leur signature ou leur sceau, en sorte que c'était le tabellion qui faisait l'acte même. Cet usage a subsisté long-temps en France. Il y avait dans chaque siège royal un notaire ou tabellion qui réunissait les deux titres alors indivis ; et comme il ne pouvait suffire au service du public, il commettait des personnes pour recevoir les actes. On pensa qu'au lieu de ces commis, il valait mieux établir des notaires en titre d'office, en laissant toujours au *tabellion* le droit de *grossoyer* les actes et d'en délivrer des expéditions, et aux notaires de son district celui de les *recevoir*. Ce fut donc pour remplir ces vues que, par édit de François I, donné à Angoulême au mois de novembre 1542, le titre des offices de notaires-tabellions fut divisé, et qu'il fut créé des offices distincts de notaires et de tabellions dans tout le royaume. Les fonctions des tabellions furent ensuite réunies à celles des notaires par édit de Henri IV de Mai 1597. Cependant le défaut de remboursement de plusieurs des propriétaires des tabellionnages avait fait qu'ils avaient subsisté en quelques provinces du Royaume. Louis XV, par édit de Février 1761, jugeant qu'il était avantageux de faire cesser une pareille distinction, qui tendait à multiplier les frais des actes, et voulant consommer une opération commencée depuis si long-temps et dont l'expérience faisait sentir de plus en plus la nécessité, ordonna que tous les tabellionnages subsistants dans l'étendue des justices et domaines du Roi seraient supprimés à compter du jour de la publication de l'édit, et leurs fonctions réunies à perpétuité à celles des notaires royaux. Cet édit, comme les précédents, faisait réserve du droit de notariat et tabellionnage que pouvaient avoir les seigneurs dans l'étendue de leurs seigneuries, par suite de concession expresse, ou en vertu d'un droit établi avant 1302 et confirmé par une possession suivie. — Il faut en effet remarquer que le Roi, non seulement comme souverain, mais encore comme étant le seigneur des seigneurs, ou premier seigneur féodal, direct et justicier de toutes les terres du royaume, avait le droit de créer des notaires royaux, avec faculté d'instrumenter dans les terres de tous les seigneurs, parce qu'il n'y en avait aucuns qui ne tinssent du Roi leurs justices et seigneuries, médiatement ou immédiatement. C'est Philippe le Bel qui, par son ordonnance de Mars 1302, défendit aux sénéchaux, baillifs et autres justiciers, d'établir à l'avenir des notaires et se réserva ce droit comme étant un droit formalité destinée, en mettant les actes et contrats à l'abri des doutes et des suppositions d'antidates, en donnant, en un mot, l'authenticité aux actes et aux conventions, à conserver l'intérêt des familles et à garantir la priorité d'hypothèques. Cet édit, exécuté d'abord en Normandie seulement, fût étendu au reste du royaume par un autre édit de mars 1693.

Le préambule de l'édit de 1581 signale les fraudes, circonventions, antidates, transpositions de temps, suppositions de personnes, falsifications, faussetés, etc. (4), dont les actes de toute espèce étaient l'objet, et que cet édit a pour but de prévenir, en consacrant la nécessité de l'enregistrement des actes, dans un délai déterminé, sur les registres d'un bureau de contrôle. Il ne fut créé pour cet enregistrement qu'un droit minime et unique, qui était gradué sur la longueur de l'acte; encore faut-il remarquer qu'un autre droit qu'exigeaient les notaires fut en compensation supprimé pour l'avenir. Mais ce faible germe devait se développer rapidement ; car, à mesure que croissaient les besoins de l'état, on entrevit aisément la possibilité d'attacher à la formalité du contrôle des droits plus élevés. Ainsi, primitivement, c'est sur un motif d'ordre public que la loi est fondée, et il ne s'y rattache qu'accessoirement une faible contribution pour l'accomplissement des formalités qui en résultent : puis, l'inverse ne tarde pas à se produire ; la loi perdant son caractère principalement réglementaire, les dispositions fiscales qui s'y joignent successivement finissent par dominer dans l'économie de cette partie de nos lois (5). Quoi qu'il en soit, il est essentiel, pour que la législation de l'enregistrement remplisse son double but, et donne satisfaction aux intérêts de la société sous

royal, pour en disposer indépendamment de la justice : le droit de haute justice était différent de celui d'instituer des notaires et tabellions, et les vassaux en faisaient la distinction dans les aveux et dénombrements qu'ils fournissaient au Roi. Philippe le Bel excepta, à la vérité, les seigneurs propriétaires des grandes terres titrées, qui étaient dans un usage ancien d'y instituer des notaires ; mais l'exception qu'il avait bien voulu faire n'était pas considérée comme une maxime dont on pût tirer aucune conséquence contre le droit du Roi ; et Philippe le long en 1319, et Henri II en 1580, déclarèrent positivement que les notariats et tabellionnages étaient du domaine de la couronne. Les juges, primitivement, usaient des notariats et tabellionnages comme ils faisaient des greffes : regardant le droit d'établir des notaires comme une dépendance de la justice, ils y commettaient leurs clercs et souvent leurs domestiques. C'est pour remédier à de tels abus, que Philippe le Bel fit usage de sa prérogative.

(4) Toutes les institutions humaines ne sont que des essais : des abus finissent par altérer la législation la moins imparfaite. Si ceux qui existaient au 16ᵉ siècle ont, en général, disparu, il est certain que dans le but d'échapper aux exigences de la loi fiscale, on dénature encore de nos jours un grand nombre de conventions ; moyen qui est excusé au point de vue légal par quelques docteurs, mais que réprouve la morale, suivant l'observation de M. Dalloz dans son savant et vaste recueil, la *jurisprudence générale du royaume*. On ne saurait en tous cas méconnaître combien il est préjudiciable aux intérêts des familles. Mais aussi faut-il, d'un autre côté, regretter, comme l'ont remarqué quelques tribunaux, que la loi fiscale en indiquant, en matière de mutations, le prix à déclarer, comme base de la perception, ait pris des mesures insuffisantes contre le résultat facile à prévoir de cette latitude laissée au contribuable, de déterminer lui-même le chiffre de son impôt. Puis, une multitude de transactions sont arrêtées par le taux exagéré de quelques articles du tarif ou par l'assiette quelquefois défectueuse des perceptions qui, une fois faites, devraient autant que possible être définitives *.

* La possibilité d'un tel résultat se laisse entrevoir dans une mesure exceptionnelle qui fut prise en l'an 9 pour la Corse, et qui subsiste encore, d'après laquelle le revenu du cadastre sert de proportion pour l'assiette des droits d'enregistrement à percevoir sur certaines mutations.

(5) Au sujet de la législation du contrôle et des phases que cette législation a subies, on peut consulter l'ancien Dictionnaire des Domaines, de Bosquet, où l'établissement, le taux, la perception des divers droits de contrôle, avec la jurisprudence de l'époque, sont traités avec détail sous des titres spéciaux, auxquels sont mêlés une foule de documents précieux sur l'ancienne constitution de la France. L'ouvrage de MM. Championnière et Rigaud,

des rapports différents, mais qui lui importent désormais au même degré, qu'elle sache à la fois, par ses mesures d'ordre et de protection, pourvoir efficacement à l'authenticité, à la conservation des contrats et des transactions de toute espèce, de manière même à faire prédominer ce but primitif de son établissement; et par son tarif, assurer la juste perception des droits qui, en échange et en proportion, pour ainsi dire, de ces avantages, ont été imposés sur les actes et les mutations.

Le droit de contrôle, établi, comme on l'a dit, pour les actes des notaires par un édit de Henri III, donné à Blois au mois de juin 1581, fut étendu par des édits de 1654, 1669, 1695 et 1708, à ceux des greffiers et des huissiers, aux actes sous signatures privées: un Tarif, annexé à la déclaration du 29 septembre 1722 servit à compléter tous ces édits. Les droits de contrôle devinrent ainsi, avec le droit de centième denier stipulé au profit du Roi par un édit de 1703, et qui était dû, indépendamment du droit de contrôle des actes, pour l'insinuation des mutations immobilières, à l'exception des successions en ligne directe; avec les autres droits analogues qui y furent ajoutés, et grâce encore à des accroissements successifs, l'une des sources les plus productives du revenu public (6).

---

si hautement apprécié par les jurisconsultes et qui doit l'être par les préposés de l'enregistrement, leur Traité des droits d'enregistrement, de timbre et d'hypothèque, dans leurs rapports avec la loi civile, est précédé de la collection des anciens édits et des principales lois en vigueur. C'est un exposé complet de la doctrine, mise en rapport avec le droit fiscal, l'un et l'autre sous le point de vue de la législation tant nouvelle qu'ancienne. (Hingray, 4 vol. in-8°. V. un compte-rendu de ce livre par M. Troplong, dans la Revue de législation et de jurisprudence, juillet 1839.) — Il faut citer encore un travail plein d'intérêt qui se trouve en tête d'un recueil abrégé de lois, qui fut publié en 1826 par M. Tardif, avocat à la Cour royale de Paris.

(6) Les impôts, sous l'ancienne monarchie, étaient généralement perçus et recouvrés pour le compte de celui qui se rendait adjudicataire du bail général des fermes unies, bail qui se faisait à la charge d'une somme déterminée à payer à l'État, et dont les conditions variaient à chaque renouvellement *. L'adjudicataire sous-fermait les droits compris dans son bail, par généralités, élections, diocèses, doyennés et paroisses, à telles personnes que bon lui semblait, en demeurant obligé au prix de son adjudication; ou bien il traitait pour la régie de toutes les parties de son bail, avec des fermiers généraux, dont le nombre varia et fut porté jusqu'à 60, lesquels étaient ses cautions, et le plus souvent les véritables fermiers et régisseurs, aux moyens des déclarations passées en leur faveur par l'adjudicataire prête-nom : ils jouissaient, comme le fermier principal, de certains privilèges, qui s'étendaient même aux agents inférieurs. Le fermier avait, pour la partie des domaines, droits de contrôle, etc., un Directeur dans chaque généralité, des Inspecteurs ou Contrôleurs ambulants, des Vérificateurs, et des Commis chargés de la recette dans chaque bureau. Les droits de contrôle spécialement, et droits s'y rattachant, primitivement attribués sous divers titres aux seigneurs, comme beaucoup d'autres; puis revendiqués et mis à profit par la Couronne, tantôt furent l'objet d'une sous-ferme particulière, tantôt furent compris dans la ferme ou régie générale. En 1780, par suite d'une nouvelle organisation, la perception en fut confiée à la compagnie chargée du recouvrement des revenus du domaine; et les agents chargés de cette perception, dirigés par l'Administration générale des Domaines, prirent le nom de Contrôleurs, qu'ils avaient eu dans l'origine **. Après

(*) Les impôts ne pouvaient être valablement aliénés. Les aliénations qui en avaient été faites dans des besoins pressants de l'État étaient révoquées aussitôt que ces besoins avaient cessé.

** « Et à l'effet que dessus avons créé et érigé, créons et érigeons par ces présentes en chaque siège royal, soit capital, présidial ou particulier, du baillif, sénéschal ou prévost, allouë, vicomte ou autre en titre d'office formé, un contrerolleur qui s'appellera controlleur des titres: auxquels offices de controlleur sera à présent, et cy après, vacation advenant par mort ou résignation, par nous, et non par autres, pourveu de bons et notables personnages (x) qui enregistreront chacun en son ressort lesdits contrats, etc. » (Édit de 1581.) — Presque toutes les dispositions fondamentales des règlements actuels se trouvent indiquées dans cet édit remarquable.

(x) Les employés de cette administration doivent être, à la fois, des hommes instruits et dignes de la confiance des citoyens qu'ont point assez d'acquit pour discuter leurs intérêts. ( JURISPRUDENCE GÉNÉRALE DU ROYAUME, art. Enregistrement )

Le Dictionnaire des Domaines cite un très grand nombre d'édits rendus pour réglementer ces matières, et qui avaient la plupart pour objet, tant de perfectionner le mode de la perception des droits, que de définir les attributions des agents qui en étaient chargés : c'est dans ce seul ouvrage spécial qu'on peut rechercher quelles furent successivement les diverses perceptions qui, d'après les édits ou la jurisprudence, régirent anciennement les actes des notaires, les actes sous signatures privées, les actes des huissiers, les actes des greffes [7], etc.

Tous les droits de contrôle, qui s'étaient compliqués des diverses dates de leur établissement et des dispositions confuses de la jurisprudence nécessitée par leur application, avaient en dernier lieu pour règle principale le tarif de 1722. Ils furent entièrement abolis par la loi du 5-19 Décembre 1790. Cette loi, en s'appropriant les matériaux de l'ancienne législation susceptibles d'être conservés, et en créant de nouvelles bases, établit un système complet et uniforme *d'enregistrement* pour les actes et les mutations.

Suivant la juste définition de Merlin, le droit d'enregistrement est un droit qui se perçoit au profit du Trésor public sur les mutations de propriétés et sur les actes, en raison de l'enregistrement qui se fait des uns et des autres pour en assurer l'existence et constater leur date.

C'est, au fond, ce même système de la loi de 1790, conçu dans l'esprit d'égalité qu'on voyait alors déborder de toutes parts en haine des anciens privilèges, qui nous régit encore à présent ; car la loi du 22 frimaire an 7, à laquelle il servit de fondement, remplaça seulement celle de 1790 et les suivantes, en les améliorant sur plusieurs points, mais aussi en haussant presque tous les articles du tarif.

La loi du 22 frimaire an 7 elle même, après avoir mis un terme aux variations qu'avaient subies les lois antérieures à sa promulgation, a été jusqu'à ce jour l'objet de changements fréquents, malgré les inconvénients, déjà signalés lors de la discussion de cette loi, qu'il y aurait à détruire l'harmonie que le législateur annonçait avoir établie entre tous les articles. Ces changements, quoique relatifs principalement au Tarif, ont porté atteinte à quelques-uns des principes essentiels que le législateur avait prétendu fixer, et, comme il l'avait prévu, ont dé-

---

que la loi du 5 Décembre 1790, qui changea radicalement le fond des perceptions, sans altérer d'ailleurs sensiblement le mode, eut aboli tous ces anciens droits dont elle fait l'énumération, et les eut remplacés par des droits d'enregistrement réglés sur un tarif plus uniforme, des lois des 9-15 mai et 18-27 mai 1791, nécessitées par la nouvelle constitution politique et administrative de la France, confièrent la régie de ces nouveaux droits à une seule administration composée de douze régisseurs ou administrateurs à Paris, un Directeur par département, des Inspecteurs et des Vérificateurs, et des Receveurs particuliers dans les cantons où le besoin du service l'exigeait ; elles déterminèrent en même-temps les traitements et remises de tous ces employés. Cette organisation a continué de subsister : seulement, les employés supérieurs, recevant un traitement fixe, ont cessé de toucher des remises, allouées aux Receveurs seuls ; d'après un arrêté du 3e jour complémentaire an 9, un Directeur-Général est chargé de diriger et surveiller toutes les opérations, et de présider le Conseil d'administration, formé par lui et les administrateurs, dont le nombre a été successivement réduit et se trouve fixé à quatre. Modifiée quant au titre du Directeur-Général et des administrateurs après la révolution de 1830, la précédente organisation a été rétablie en 1845.

(7) Supprimés en 1790, les droits de greffe ont été en partie rétablis par une loi du 21 ventôse an 7. Le Trésor en perçoit la plus forte part, le reste est attribué au greffier.

truit le lien qui imprimait l'unité à son œuvre. Un pair de France, M. d'Haubersaert, en rapportant en 1835 la loi du budget, signalait par des observations très exactes le danger « d'opérer par des dispositions isolées de lois, sur des tarifs liés dans toutes leurs parties par un enchaînement de rapports compliqués ; et aucun tarif, ajoutait-il, n'a subi autant que celui de l'enregistrement cette périlleuse épreuve. Depuis trente-six ans qu'il nous régit, une foule de lois, par des nécessités financières, ou par des vues de perfectionnement plus ou moins heureuses, ont apporté à ses combinaisons des changements tels, que la loi primitive a, pour ainsi dire, disparu, et qu'en réalité cet impôt est aujourd'hui réglé par un code volumineux, compliqué, dont la connaissance n'appartient plus qu'à ses adeptes. En conclurons-nous qu'une refonte doive en être immédiatement tentée ? Sans doute, cette refonte, en rassemblant tous les éléments épars de la perception, remplirait une des conditions les plus désirables de l'impôt, qui est de mettre la connaissance du droit à la portée de celui qui le paie. Mais, il ne faut pas craindre de le dire, cette tentative, dans la situation encore embarrassée de nos finances, serait imprudente et, sans procurer peut-être tous les perfectionnements espérés, pourrait exposer cette branche importante de nos impôts à une altération dont nous ne devons pas courir actuellement la chance. »

On pourrait, en effet, s'étonner de ce que l'enregistrement, qui touche à tant d'intérêts par ses dispositions conservatrices, qui produit par son tarif le quart des revenus de l'État, et qui, d'ailleurs, après un intervalle de plus de quarante années, n'est plus en rapport avec la législation générale et les institutions, profondément modifiées depuis cette époque, n'eût pas été, comme d'autres parties moins considérables de notre législation, l'objet d'une révision complète et d'une codification particulière, si l'on ne réfléchissait pas en même-temps aux difficultés d'une telle mesure (8) ; car cette législation, indépendamment de l'importance de son produit, outre qu'elle se rattache de tous points aux lois civiles, peut aussi, par l'influence des chiffres de son tarif sur le mouvement des transactions, soulever de graves questions d'État. Néanmoins, pour ce qui est du Tarif en particulier, la crainte de le voir réduire au préjudice du Trésor semble exagérée, à en juger du moins par les lois qui ont été promulguées depuis l'an 7, telles notamment que celle du 28 avril 1816 qui augmenta tous les droits, et celles bien plus récentes qui ont encore élevé divers droits importants, des successions, des donations, des mutations d'offices, des actes d'huissiers et des justices de paix, etc. Une répartition convenable permettrait d'ailleurs, en abaissant quelques chiffres du tarif, qui

---

(8) Nous connaissons, disent les Rédacteurs du journal de l'enregistrement, dans leur Dictionnaire *, deux cents lois, arrêtés, décrets, avis et ordonnances, publiés depuis 1790, qui contiennent des dispositions sur les droits d'enregistrement. On peut craindre de retomber dans le chaos qui existait en 1790. Plusieurs des nouvelles lois et ordonnances, loin de simplifier la perception, ont fait naître une foule de difficultés. De nouvelles dispositions, ajoutées à ce qui existe, ou retranchées, compliqueraient encore la perception. D'un autre côté, une loi complète est extrêmement difficile à faire. Le projet qui est devenu la loi de l'an 7 a été fait et refait dix fois avant d'être décrété. Il faudrait méditer long-temps un nouveau code *d'enregistrement* ; il faudrait le mettre en harmonie avec nos autres codes. L'enregistrement doit se lier aux lois civiles et de police dans toutes les parties. Il doit, pour ainsi dire, les aider et en être aidé. Des hommes qui ne seraient que *jurisconsultes* ne nous donneraient pas une meilleure loi que ne nous la donneraient des hommes qui ne seraient que *percepteurs* : dans cette matière, il faut être l'un et l'autre.

* 2.e édit. 2 vol. in-4°. Ouvrage parfait d'exécution, mais déjà ancien et qui manque d'ensemble, les livraisons s'étant à partir de 1823 succédé durant plusieurs années. Les Rédacteurs ont annoncé une nouvelle édition.

nuisent par leur taux trop élevé à la sincérité et à l'activité des transactions , d'en hausser quelques autres , tout en faisant disparaître les exceptions, qui presque toujours sont des abus. Il n'est pas douteux que la réduction de certains droits ne facilitât les mutations qui en sont frappées, et qu'en adoptant de nouveaux et plus efficaces moyens de sanction , on ne pût aussi assurer une perception des droits plus entière , moins contestable , et l'obtenir , avec une amélioration des produits, une exécution plus franche et plus morale de la loi. Les progrès de l'instruction ont , d'un autre côté , multiplié à l'excès les transactions par actes sous signatures privées qui , soit de l'accord des parties , soit par l'insuffisance de la répression appliquée au défaut de formalité , ne sont jamais soumis à l'enregistrement. C'est ainsi qu'un grand nombre de conventions qui reçoivent entre les parties une complète exécution , ou échappent à l'impôt , ou l'atténuent dans une forte proportion. « C'est en fortifiant la législation , et en soumettant au paiement de l'impôt tous ceux qui se trouvent dans des positions analogues (9) , qu'il faut chercher à améliorer le revenu public. En ce qui concerne l'impôt sur l'enregistrement, il serait utile que le Gouvernement fît examiner s'il existe des motifs suffisants pour que les actes sous seings privés, autres que les effets négociables, ne soient pas soumis au paiement des droits dans un délai déterminé, comme le sont les actes publics!, et sous les mêmes peines. Plus l'instruction se répand , plus les actes sous-seings privés se multiplient. Dans un bon système d'impôts , la loi ne doit laisser à personne la possibilité de se soustraire aux charges communes; autrement la répartition de ces charges est inégale.; et plus est grand le nombre de ceux qui s'en affranchissent , plus elles pèsent sur ceux qui les supportent (10). Nous devons , en outre, faire observer que c'est par des actes sous signatures privées que se règle une partie des transactions que font les personnes riches ; tandis que pour les mineurs et pour les personnes illétrées , et généralement peu aisées , l'acte public est le seul moyen de transaction. » ( *Rapport fait par M. Calmon , Directeur Général de l'Enregistrement et des Domaines , à la Chambre des Députés , le 26 mai 1836 , au nom de la commission du budget.)*

Tout le monde applaudira à des réflexions si libérales , en souscrivant d'avance au résultat qu'elles semblent appeler. Peut-être, aussi, qu'aujourd'hui que la peine du droit en sus appliquée au défaut de formalité dans un délai déterminé, pour les actes sous seings privés portant mutation d'immeubles , est facilement éludée et n'a nullement pour effet , dans la plupart des cas , de les faire enregistrer, il serait à propos , au point de vue de l'intérêt général , et abstraction même faite des considérations fiscales , d'attacher la peine de nullité radicale qui existait dans certains cas sous l'ancienne législation , tant entre les parties que vis-à-vis des tiers , à toutes conventions ayant pour objet des mutations ou attributions d'immeubles , qui n'auraient point par un motif quelconque reçu dans un court délai l'authenticité par l'enregistrement (11).

---

(9) *Non consideres personam pauperis , nec honores vultum potentis : justè judica.*

(10) Les Romains regardaient tellement l'obligation de payer les tributs comme un devoir public, que chez eux c'était un crime de frauder les impôts : *fraudati vectigalis crimen.*

(11) On conçoit l'immense utilité que pourrait avoir , en la complétant par quelques dispositions d'ordre , une mesure qui permettrait de trouver à coup sûr dans les bureaux de l'enregistrement le bilan immobilier de chaque particulier. Personne n'ignore d'ailleurs combien est , en général , défectueuse la rédaction des actes sous signatu-

En attendant la réédification de la législation de l'enregistrement, dans l'état actuel des choses, en réunir et coordonner toutes les dispositions subsistantes, c'est obvier à une grande partie des inconvénients dont on se plaint. Le rapport entre eux, des textes qui se sont succédé depuis plus de quarante ans, est, en effet, devenu très difficile à saisir pour les Employés eux-mêmes, mais surtout pour les personnes qui ne font pas une étude ni une application habituelle des lois sur cette matière. On ne parle pas de la jurisprudence, qui crée des difficultés d'un autre ordre (12).

Il existe un certain nombre de commentaires sur la loi fondamentale de l'enregistrement : mais les uns, aux annotations des changements opérés par les lois qui l'ont suivie, ajoutent de courtes notices de jurisprudence, qui sont forcément insuffisantes ; d'autres n'indiquent que les changements principaux, les modifications de tarif, sans combiner ensemble et les articles de la loi primitive et ceux des lois postérieures qui sont venus en rapporter ou modifier le sens.

On s'est donc attaché, laissant de côté la jurisprudence, qui n'entre point dans le plan de cet ouvrage, et qui exige des commentaires spéciaux et beaucoup plus étendus, à éclairer le texte de la loi du 22 frimaire an 7, sur l'enregistrement, d'une conférence authentique, légale, avec le texte soit des lois postérieures sur la même matière, soit même des lois relatives à d'autres matières qui, depuis cette époque déjà reculée, ont introduit de nouvelles organisations dans toutes les parties de la constitution politique. Sous chaque article se trouvera ainsi exposé le véritable état de la législation sur l'enregistrement (13).

res privées. Les assujettir dans tous les cas à l'enregistrement, et les prohiber entièrement en matière immobilière, ne pourrait qu'être utile à la société ; l'État pourrait y trouver une occasion d'améliorer le notariat, en lui concédant cet avantage avec la rédaction de tous les actes publics, et en liant ces concessions aux perfectionnements qu'il serait utile d'apporter à cette institution si ancienne, véritable magistrature à qui la société tout entière confie ses plus graves intérêts.

(12) Au milieu des complications qu'un progrès incessant introduit dans les transactions de toute nature, la jurisprudence est inséparable de la loi : le législateur pose des principes, des règles générales qui, dans son intention, embrassent tous les cas particuliers; à la jurisprudence la mission de ranger ou de rattacher à l'ordre qui leur convient dans l'économie de la loi, les espèces sans nombre qui, sous mille faces diverses, surgissent ou se reproduisent continuellement. L'étude de la jurisprudence est donc nécessaire ; mais elle doit rester secondaire, accessoire, et ne pas faire perdre de vue le texte lui-même. « Les uns font une étude des lois et des règlements : ils croient les savoir, parce qu'ils ont saisi quelques principes ; ils veulent en faire usage, et ils se trompent, parce qu'ils ne les ont pas conférés avec la jurisprudence; d'autres, moins appliqués, ne consultent les lois et les règlements qu'à mesure qu'ils en ont besoin sur chaque question qui se présente; et, ne pouvant pas même donner le temps nécessaire à leurs recherches et à saisir le rapport de la jurisprudence, ils manquent le principe, et tombent dans des erreurs toujours préjudiciables. (Bosquet). » — « Ceux là, dit d'un autre côté le Chancelier d'Aguesseau, dupes des faits qu'ils prennent pour la raison même, veulent toujours décider de ce qui doit se faire par ce qui s'est fait. Leur esprit devient tellement historique, qu'ils ne sont presque plus capables de raisonner par principes. Contents de pouvoir répéter beaucoup de faits, ils semblent n'être plus que des dictionnaires animés et des répertoires parlants. Comme il n'y a presque point de matière sur laquelle on ne trouve des faits ou des exemples contraires, et qu'ils négligent l'étude des principes qui apprennent l'usage qu'on doit en faire, il ne résulte souvent de tout leur savoir qu'une confusion et une indécision universelle, parce que les faits se combattent pour ainsi dire dans leur tête, où ils ne produisent que des doutes et ne forment que des nuages. » Comme observe ailleurs le magistrat philosophe qu'on vient de citer, il faut que la raison et l'exemple marchent de concert, et se prêtent un secours mutuel.

(13) Il ne s'agit ici que de l'enregistrement proprement dit, tel qu'il fut réglé par la loi de 1790, tel qu'il l'est encore par la loi de l'an 7. Les lois de timbre, de greffe, d'hypothèque, de ventes de meubles, de notariat, et

Quant au texte de toutes les lois citées comme ayant apporté à celui de la loi de Frimaire, reproduit ici en entier tel qu'il fut promulgué, les nombreux changements qui font l'objet du commentaire, on avait d'abord songé à le donner *in extenso*; mais il est certain qu'un tel recueil, trop volumineux pour être usuel, ferait double emploi avec les collections de lois aujourd'hui généralement répandues, et qui sont consultées par tous ceux qui s'occupent sérieusement d'une branche quelconque de la législation générale. Le texte des anciens édits sur le contrôle, à partir de celui de 1381, était devenu rare ; on doit savoir gré à MM. Championnière et Rigaud de les avoir reproduits en tête de leur Traité, où sont aussi rapportées les principales lois nouvelles, à partir de celle du 5 Décembre 1790. Cette dernière loi et les suivantes se trouvent également dans la collection complète des lois de M. Duvergier, dans laquelle, du reste, sont conservés tous les vieux textes abrogés, textes qui ont encore du prix sous divers rapports et notamment pour ceux qui veulent connaître la succession pour ainsi dire historique des lois. La loi de 1790, suivie d'un petit nombre de lois spéciales ou transitoires, n'avait reçu de modifications de quelque importance que par le décret du 29 septembre - 9 octobre 1791 et la loi du 14 Thermidor an 4, jusqu'à la loi de l'an 7, qui a expressément abrogé toutes les précédentes.

Ce livre, indispensable aux employés de l'enregistrement, suffira, on a lieu de l'espérer, pour mettre à la portée de tout le monde une législation peu connue, et dont les textes sont pourtant moins obscurs qu'on n'est porté à le supposer, sans doute d'après la jurisprudence déjà volumineuse qu'ils ont fait naître (14): c'est que, déjà anciens, le sens en a dû nécessairement, de plus en plus, subir des interprétations et être plié au gré des besoins nouveaux. Chaque citoyen étant tous les jours, de son gré ou autrement, justiciable de la loi de l'enregistrement, il n'est aucune législation qu'on ait plus d'intérêt à bien connaître ; et la connaissance de la loi amène son application littérale, qui importe également aux particuliers et à l'État.

---

beaucoup d'autres, sont des lois dont l'application ou la surveillance est confiée en totalité ou en partie à l'administration de l'enregistrement, mais suivant une législation spéciale et distincte de celle de l'enregistrement. Les lois concernant l'organisation de l'administration de l'enregistrement et des domaines sont également étrangères à cet ouvrage. On remarquera que dans la loi du budget ou dans d'autres lois sur différentes matières, se trouvent souvent introduites des dispositions qui modifient la loi de l'enregistrement : des lois particulières, en atteignant le même but, pourraient se lier plus étroitement à la loi primitive.

(14) On sait, d'ailleurs, combien l'administration de l'enregistrement prévient ou arrête de procès, soit par l'examen scrupuleux qu'elle fait de la quantité infinie de questions que soulève l'application des lois si diverses qu'elle est chargée de faire exécuter, soit par les dispositions conciliatrices qui président à tous ses rapports avec les contribuables.

(Bulletin des Lois, 2ᵉ série; 248, nᵒ 2224.)

## DU 22 FRIMAIRE AN VII [12 Décémbre 1798]. (1)

# LOI sur l'Enregistrement. (2)

## TITRE I.

*De l'enregistrement, des droits et de leur application.*

ART. 1ᵉʳ. Les droits d'enregistrement seront perçus d'après les bases et suivant les règles déterminées par la présente.

2. Les droits d'enregistrement sont *fixes* ou *proportionnels*, suivant la nature des actes et mutations qui y sont assujettis.

---

(1) Le mode de promulgation des lois a varié sous les divers gouvernements. Suivant l'art. 1ᵉʳ du code civil, et l'ordonnance du 27 novembre 1816, qui régit cette matière, la loi est exécutoire, savoir : dans le département de la Seine, un jour franc après ( ou surlendemain ) celui de la promulgation, ou insertion au Bulletin officiel constatée par la réception du Bulletin par le garde des Sceaux, suivant la date de cette réception qui est inscrite sur un registre et que le Bulletin publie; et dans les autres départements, après l'expiration du même délai d'un jour, augmenté d'autant de jours qu'il y a de fois dix myriamètres entre Paris et le chef-lieu de chaque département *, les fractions de distances entre dix, vingt, trente myriamètres, etc., comptées pour un jour de plus, de sorte que douze ou quinze myriamètres soient comptés pour vingt, et ainsi de suite. — La première date du Bulletin, la date proprement dite de la loi, indique le jour de la signature; la seconde date est celle de la promulgation.

* V. le Tableau des distances inséré dans l'arrêté du 25 Termidor an XI, avec les modifications résultant de deux décrets des 21 novembre 1808 et 16 mai 1810, et de deux ordonnances des 7 juillet 1824 et 1ᵉʳ novembre 1826.

(2) Cette loi a paru sous le Directoire. A cette époque, et d'après la constitution du 5 fructidor an 5, les Résolutions du Conseil des cinq-cents, adoptées par le Conseil des anciens, s'appelaient lois. Les propositions reconnues urgentes par une déclaration du Conseil des cinq-cents étaient exemptes de certaines formes prescrites pour la délibération. La déclaration d'urgence faite au sujet de la présente loi énonce les motifs suivants : « considérant qu'il est nécessaire de simplifier les droits d'enregistrement, d'en régler les taux et quotités dans de justes proportions, d'étendre cette contribution à toutes les mutations qui en sont susceptibles, pour améliorer les revenus publics, et de prendre, sans délai, des mesures propres à en assurer la perception.» — Le point de vue purement fiscal a pris ici entièrement la place des considérations d'ordre qui servaient de préambule à l'édit de 1581. Les impôts aident à la civilisation, et ils en deviennent ensuite inséparables; c'est leur répartition ou leur application qui les rend plus ou moins lourds.

3. Le droit *fixe* s'applique aux actes , soit civils, soit judiciaires, ou extrajudiciaires qui ne contiennent ni obligation , ni libération , ni condamnation, collocation , ou liquidation de sommes et valeurs, ni transmission de propriété , d'usufruit ou de jouissance de biens meubles ou immeubles ; (3).

Il est perçu aux taux réglés par l'article 68 de la présente.

4. Le droit *proportionnel* est établi pour les obligations , libérations, condamnations , collocations ou liquidations de sommes et valeurs , et pour toute transmission de propriété, d'usufruit ou de jouissance de biens meubles et immeubles, soit entre-vifs, soit par décès.

Ses quotités sont fixées par l'article 69 ci-après.

Il est assis sur les valeurs.

5. Il n'y a point de fraction de centime dans la liquidation du droit proportionnel. Lorsqu'une fraction de somme ne produit pas un centime de droit , le centime est perçu au profit de la république. (4)

6. Cependant le moindre droit à percevoir sur un acte donnant lieu au droit proportionnel , et sur une mutation de biens par décès , sera du montant de la quotité sous laquelle chaque acte ou mutation se trouve classé dans les articles 68 et 69 , sauf les exceptions y mentionnées. (5)

7. Les actes civils et extrajudiciaires sont enregistrés sur les minutes , brevets ou originaux.

Les actes judiciaires reçoivent cette formalité, soit sur les minutes , soit sur les expéditions , suivant les distinctions ci-après. (6)

---

(3) Cet article établit, ainsi que le suivant , une règle générale qui a souffert dans les deux cas plusieurs exceptions créées par les lois postérieures, et qui seront successivement indiquées.

(4) Complété par l'art. 2 de la loi du 27 Ventôse an 9 , qui porte que la perception suivra les sommes et valeurs , de vingt francs en vingt francs , inclusivement et sans fraction.

(5) D'après l'art. 3 de la loi du 27 Ventôse an 9 , il ne pourra être perçu moins de vingt-cinq centimes pour l'enregistrement des actes et mutations dont les sommes et valeurs ne produiraient pas vingt cinq-centimes de droit proportionnel.

(6) Du texte de cet article , combiné avec l'art. 38 de la loi du 28 avril 1816 et un avis du conseil d'état du 22 octobre 1808, il résulte que les actes civils et extrajudiciaires , tous actes judiciaires en matière civile, criminelle , correctionnelle ou de police , doivent recevoir la formalité de l'enregistrement sur les minutes , brevets ou originaux; soit , quant aux actes judiciaires, qu'on ait, ou non, interjeté appel. Dans le cas où des adjudications d'immeubles faites en justice seraient ensuite annulées par les voies légales, le droit perçu serait restituable. — V. aussi l'article 78 de la loi du 15 mai 1818 qui assujettit à l'enregistrement sur la minute les actes des autorités administratives et des établissements publics portant transmission de

Ceux qui doivent être enregistrés *sur les minutes* sont les procès-verbaux d'apposition, de reconnaissance et de levée de scellés, et ceux de nomination de tuteurs et curateurs ; les avis de parents, les émancipations, les actes de notoriété, les déclarations en matière civile, les adoptions; tous actes contenant autorisation, acceptation, abstention, renonciation ou répudiation ; les nominations d'experts et arbitres, les oppositions à levée de scellés par comparution personnelle; les cautionnements de personnes à représenter à justice; ceux de sommes déterminées ou non déterminées; les ordonnances et mandements d'assigner les opposants à scellés ; tous procès-verbaux généralement quelconques des bureaux de paix, portant conciliation ou non conciliation, défaut ou congé, remise ou ajournement; tous actes d'acquiescement, de dépôt et consignation, d'exclusion de tribunaux, d'affirmation de voyage, d'enchère et surenchère, de reprise d'instance, de communication de pièces avec ou sans déplacement, d'affirmation ou vérification de créances, d'opposition à délivrance de titres ou jugements, de procès-verbaux et rapports, de dépôt de bilan et de décharges ; les certificats de toute nature et ordonnances sur requête ; les jugements portant transmission d'immeubles, et ceux par lesquels il est prononcé des condamnations sur des conventions sujettes à l'enregistrement, sans énonciation de titres enregistrés.

Tous autres actes et jugements, soit préparatoires ou d'instruction, soit définitifs, ne sont soumis à l'enregistrement que sur les expéditions.

Ceux des actes de l'état civil qui sont assujettis à l'enregistrement par la présente, ne seront également enregistrés que sur les expéditions.

Les jugements de la police ordinaire, des tribunaux de police correctionnelle et des tribunaux criminels ne sont de même soumis à l'enregistrement que sur les expéditions, *lorsqu'il y a partie civile*, et seulement pour les expéditions requises par elle ou autres intéressés.

8. Il n'est dû aucun droit d'enregistrement pour les extraits, copies ou expéditions des actes qui doivent être enregistrés sur les minutes ou originaux. (7)

Quant à ceux des actes judiciaires qui ne sont assujettis à l'enregistrement que sur les expéditions, chaque expédition doit être enregistrée ; savoir : la première,

propriété, d'usufruit et de jouissance ; les adjudications ou marchés de toute nature, aux enchères, au rabais ou sur soumission ; et les cautionnements relatifs à ces actes ; —les articles 7 et 14 de la loi du 27 Ventôse an 9, qui prescrivent l'enregistrement sur la minute pour les actes et procès-verbaux de ventes de prises et de navires ou bris de navires, faits par les officiers d'administration de la marine; et pour tous les actes de prestation de serment. —Les distinctions établies dans cet article deviennent ainsi sans objet et rentrent sous l'application des règles générales qui viennent d'être rappelées.

(7) V. la note 6.

pour le droit proportionnel, s'il y a lieu, ou pour le droit *fixe*, si le jugement n'est pas passible du droit proportionnel; et chacune des autres pour le droit *fixe*. (8)

9. Lorsqu'un acte translatif de propriété ou d'usufruit comprend des meubles et immeubles, le droit d'enregistrement est perçu sur la totalité du prix, au taux réglé pour les immeubles, à moins qu'il ne soit stipulé un prix particulier pour les objets mobiliers, et qu'ils ne soient désignés et estimés, article par article, dans le contrat.

10. Dans le cas de transmission de biens, la quittance donnée ou l'obligation consentie par le même acte, pour tout ou partie du prix entre les contractants, ne peut être sujette à un droit particulier d'enregistrement.

11. Mais lorsque dans un acte quelconque, soit civil, soit judiciaire ou extra-judiciaire, il y a plusieurs dispositions indépendantes ou ne dérivant pas nécessairement les unes des autres, il est dû pour chacune d'elles, et selon son espèce, un droit particulier. La quotité en est déterminée par l'article de la présente dans lequel la disposition se trouve classée, ou auquel elle se rapporte.

12. La mutation d'un immeuble en propriété ou usufruit, sera suffisamment établie pour la demande du droit d'enregistrement et la poursuite du paiement contre le nouveau possesseur, soit par l'inscription de son nom au rôle de la contribution foncière, et des paiements par lui faits d'après ce rôle, soit par des baux par lui passés, ou enfin par des transactions ou autres actes constatant sa propriété ou son usufruit.

13. La jouissance à titre de ferme, ou de location, ou d'engagement d'un immeuble, sera aussi suffisamment établie pour la demande et la poursuite du paiement des droits des baux ou engagements non enregistrés, par les actes qui la feront connaître, ou par des paiements de contributions imposées aux fermiers, locataires et détenteurs temporaires.

### TITRE II.

*Des valeurs sur lesquelles le droit proportionnel est assis, et de l'expertise.*

14. La valeur de la propriété, de l'usufruit et de la jouissance des *biens meubles*, est déterminée pour la liquidation et le paiement du droit proportionnel, ainsi qu'il suit:

#### SAVOIR:

1º Pour les baux et locations, *par le prix annuel exprimé, en y ajoutant les charges imposées au preneur.*

_____

(8) Distinction rendue sans objet, V. la note 6.

2° Pour les créances à terme, leurs cessions et transports, et autres actes obligatoires, *par le capital exprimé dans l'acte, et qui en fait l'objet.*

3° Pour les quittances et tous autres actes de libération, *par le total des sommes ou capitaux dont le débiteur se trouve libéré.*

4° Pour les marchés et traités, *par le prix exprimé ou l'évaluation qui sera faite des objets qui en seront susceptibles.*

5° Pour les ventes et autres transmissions à titre onéreux, *par le prix exprimé et le capital des charges qui peuvent ajouter au prix.*

6° Pour les créations de rentes soit perpétuelles, soit viagères, ou de pensions, aussi à titre onéreux, *par le capital constitué et aliéné.*

7° Pour les cessions ou transports desdites rentes ou pensions, et pour leur amortissement ou rachat, *par le capital constitué, quel que soit le prix stipulé pour le transport ou l'amortissement.*

8° Pour les transmissions entre-vifs, à titre gratuit, et celles qui s'opèrent par décès, *par la déclaration estimative des parties, sans distraction des charges.*

9° Pour les rentes et pensions créées sans expression de capital, leurs transports et amortissements, *à raison d'un capital formé de vingt fois la rente perpétuelle, et de dix fois la rente viagère ou la pension, et quel que soit le prix stipulé pour le transport ou l'amortissement.*

Il ne sera fait aucune distinction entre les rentes viagères et pensions créées sur une tête, et celles créées sur plusieurs têtes, quant à l'évaluation.

Les rentes et pensions stipulées payables en nature seront évaluées aux mêmes capitaux, estimation préalablement faite des objets, d'après les dernières mercuriales du canton de la situation des biens, à la date de l'acte, s'il s'agit d'une rente créée pour aliénation d'immeubles, ou, dans tout autre cas, d'après les dernières mercuriales du canton où l'acte aura été passé.

Il sera rapporté à l'appui de l'acte, un extrait certifié des mercuriales. (9)

S'il est question d'objets dont les prix ne puissent être réglés par les mercuriales, les parties en feront une déclaration estimative.

(9) Pour le mode d'estimation d'après les mercuriales et la formation des mercuriales, des changements ont été introduits par le décret du 26 avril 1808 et l'art. 75 de la loi du 15 mai 1818. Suivant leurs dispositions, les rentes et pensions stipulées payables en nature, ou en quantité fixe de grains et denrées dont la valeur est déterminée par les mercuriales, seront évaluées aux capitaux formés comme il vient d'être dit et tels qu'ils résulteront d'une année commune de la valeur des grains ou autres denrées, selon les mercuriales du marché le plus voisin. On formera l'année commune d'après les quatorze dernières années antérieures à celle de l'ouverture du droit: on retranchera les deux plus fortes et les deux plus faibles; l'année commune sera établie sur les dix années restantes.

10° Pour les actes et jugements portant condamnation , collocation , liquidation ou transmission , *par le capital des sommes , et les intérêts et dépens liquidés ;*

11° L'usufruit transmis à titre gratuit, s'évalue à la moitié de la valeur entière de l'objet.

15. La valeur de la propriété , de l'usufruit et de la jouissance *des immeubles* est déterminée pour la liquidation et le paiement du droit proportionnel , ainsi qu'il suit ;

SAVOIR:

1° Pour les baux à ferme ou à loyer , les sous-baux , cessions et subrogations de baux , *par le prix annuel exprimé , en y ajoutant les charges imposées au preneur.*

Si le bail est stipulé payable en nature , il en sera fait une évaluation d'après les dernières mercuriales du canton de la situation des biens , à la date de l'acte , à l'appui duquel il sera rapporté un extrait certifié des mercuriales. (10)

Il en sera de même des baux à portion de fruits , pour la part revenant au bailleur , dont la quotité sera préalablement déclarée , et sur la valeur de laquelle le droit d'enregistrement sera perçu.

S'il s'agit d'objets dont la valeur ne puisse être constatée par les mercuriales , les parties en feront une déclaration estimative.

2° Pour les baux à rentes perpétuelles et ceux dont la durée est illimitée , *par un capital formé de vingt fois la rente ou le prix annuel , et les charges aussi annuelles , en y ajoutant également les autres charges en capital et les deniers d'entrée , s'il en est stipulé.*

*Les objets en nature s'évaluent comme ci-dessus.*

3° Pour les baux à vie , sans distinction de ceux faits sur une ou plusieurs têtes , *par un capital formé de dix fois le prix et les charges annuels , en ajoutant de même le montant des deniers d'entrée, et des autres charges, s'il s'en trouve d'exprimées. Les objets en nature s'évaluent pareillement , comme il est prescrit ci-dessus.*

4° Pour les échanges , *par une évaluation qui doit être faite en capital , d'après le revenu annuel multiplié par vingt , sans distraction des charges.*

5° Pour les engagements , *par les prix et sommes pour lesquels ils sont faits.*

6° Pour les ventes , adjudications , cessions , rétrocessions , licitations , et tous autres actes civils ou judiciaires , portant translation de propriété ou d'usufruit à titre onéreux , *par le prix exprimé, en y ajoutant toutes les charges en capital , ou par une estimation d'experts , dans les cas autorisés par la présente.*

Si l'usufruit est réservé par le vendeur , il sera évalué à la moitié de tout ce

(10) V. la note 9.

qui forme le prix du contrat , et le droit sera perçu sur le total ; mais il ne sera dû aucun autre droit pour la réunion de l'usufruit à la propriété : cependant si elle s'opère par un acte de cession , et que le prix soit supérieur à l'évaluation qui en aura été faite pour régler le droit de la translation de propriété , il est dû un droit , par supplément , sur ce qui se trouve excéder cette évaluation. Dans le cas contraire , l'acte de cession est enregistré pour le droit *fixe*.

7° Pour les transmissions de propriété entre-vifs , à titre gratuit , et celles qui s'effectuent par décès , *par l'évaluation qui sera faite et portée à vingt fois le produit des biens, ou le prix des baux courants , sans distraction des charges.*

Il ne sera rien dû pour la réunion de l'usufruit à la propriété, lorsque le droit d'enregistrement aura été acquitté sur la valeur entière de la propriété.

(11)

8° Pour les transmissions d'usufruit seulement soit entre-vifs , à titre gratuit , soit par décès , *par l'évaluation qui en sera portée à dix fois le produit des biens , ou le prix des baux courants, aussi sans distraction des charges.*

Lorsque l'usufruitier qui aura acquitté le droit d'enregistrement pour son usufruit, acquerra la nue propriété, il paiera le droit d'enregistrement sur sa valeur , sans qu'il y ait lieu d'y joindre celle de l'usufruit.

16. Si les sommes et valeurs ne sont pas déterminées dans un acte ou un jugement donnant lieu au droit proportionnel , les parties seront tenues d'y suppléer, avant l'enregistrement, par une déclaration estimative , certifiée et signée au pied de l'acte.

17. Si le prix énoncé dans un acte translatif de propriété ou d'usufruit *de biens immeubles* , à titre onéreux, paraît inférieur à leur valeur vénale à l'époque de l'aliénation , par comparaison avec les fonds voisins de même nature , la régie pourra requérir une expertise , pourvu qu'elle en fasse la demande dans l'année , à compter du jour de l'enregistrement du contrat. (12)

---

(11) L'article 53 de la loi du 28 avril 1816 porte que dans le cas où l'époux survivant ou les enfants naturels seront appelés à la succession , à défaut de parents au degré successible , ils seront considérés , quant à la quotité des droits , comme personnes non parentes ; et l'avis du conseil d'état du 10 septembre 1808 , que, lorsque les héritiers ou légataires universels seront grevés de legs particuliers de sommes d'argent non existantes dans la succession , et qu'ils auront acquitté le droit proportionnel sur l'intégralité des biens de cette même succession , le même droit ne sera pas dû pour ces legs ; conséquemment, les droits déjà payés par les légataires particuliers devront s'imputer sur ceux dûs par les héritiers ou légataires universels.

(12) Les dispositions de cet article et des deux suivants ont été complétées, en ce qui concerne le droit en sus, la situation des biens dans plusieurs arrondissements et le serment des experts, par l'art. 5 de la loi du 27 Ventôse an 9, qui porte que , dans tous les cas où les

18. La demande en expertise sera faite , au tribunal civil du département (13) dans l'étendue duquel les biens sont situés , par une pétition portant nomination de l'expert de la nation.

L'expertise sera ordonnée dans la décade de la demande.

En cas de refus par la partie de nommer son expert sur la sommation qui lui aura été faite d'y satisfaire dans les trois jours, il lui en sera nommé un d'office par le tribunal.

Les experts , en cas de partage , appelleront un tiers-expert. S'ils ne peuvent en convenir , le juge de paix du canton de la situation des biens y pourvoira.

Le procès-verbal d'expertise sera rapporté au plus tard dans le mois qui suivra la remise qui aura été faite aux experts , de l'ordonnance du tribunal , ou dans le mois après l'appel d'un tiers-expert.

Les frais de l'expertise seront à la charge de l'acquéreur , mais seulement lorsque l'estimation excédera d'un huitième au moins le prix énoncé au contrat.

L'acquéreur sera tenu, dans tous les cas , d'acquitter le droit sur le supplément d'estimation, s'il y a une plus-value constatée par le rapport des experts.

19. Il y aura également lieu à requérir l'expertise *des revenus des immeubles* transmis en propriété ou usufruit à tout autre titre qu'à titre onéreux , lorsque l'insuffisance dans l'évaluation ne pourra être établie par actes qui puissent faire connaître le véritable revenu des biens.

---

frais de l'expertise tomberont à la charge du redevable, il y aura lieu au double droit sur le supplément de l'estimation ; et par l'art. 1er de la loi du 15 novembre 1808. Suivant cette dernière loi, lorsque, dans les cas prévus par les art. 17, 18 et 19, il y aura lieu à expertise de biens immeubles situés dans le ressort de plusieurs tribunaux, la demande en sera portée au tribunal de première instance dans le ressort duquel se trouve le chef-lieu de l'exploitation ou, à défaut de chef-lieu, la partie des biens qui présente le plus grand revenu, d'après la matrice du rôle. — Ce même tribunal ordonnera l'expertise partout où elle sera jugée nécessaire, à la charge néanmoins de nommer pour experts des individus domiciliés dans le ressort des tribunaux de la situation des biens ; et il prononcera sur leur rapport. — Les experts seront renvoyés, pour la prestation du serment , devant le juge de paix du canton où les biens sont situés. — La loi du 15 novembre 1808 n'a rien innové, ainsi que l'énonce l'article 2, en ce qui concerne les expertises d'immeubles dont la mutation s'opère par décès, et dont la déclaration se fait au bureau dans l'arrondissement duquel il sont situés. — V. aussi l'article 11 de la loi du 25 juin 1841 , qui a établi des règles particulières au sujet de l'insuffisance d'évaluation des offices de notaires , avoués, etc.

(13) De l'arrondissement. Art. 6 de la loi du 27 ventôse an 8. ( Loi du 27 ventôse an 9 , art. 6. )

# TITRE III.

*Des délais pour l'enregistrement des actes et des déclarations.*

**20.** Les délais pour faire enregistrer les actes publics, sont, savoir,

*De quatre jours*, pour ceux des huissiers et autres ayant pouvoir de faire des exploits et procès-verbaux ; (14)

*De dix jours*, pour les actes des notaires qui résident dans la commune où le bureau d'enregistrement est établi ; (15)

*De quinze jours*, pour ceux des notaires qui n'y résident pas ; (15)
(16)

*De vingt jours*, pour les actes judiciaires soumis à l'enregistrement sur les minutes (17), et pour ceux dont il ne reste pas de minutes au greffe, ou qui se délivrent en brevet;

*De vingt jours aussi*, pour les actes des administrations centrales et municipales (18) assujettis à la formalité de l'enregistrement. (19)

**21.** Les testaments déposés chez les notaires, ou par eux reçus, seront enre-

---

(14) V. l'art. 15 de la loi du 27 ventôse an 9, qui fixe le même délai pour les significations d'avoué à avoué ; et les articles 170 du code forestier et 47 de la loi du 15 avril 1829 sur la pêche fluviale, qui portent que, pour les procès-verbaux des gardes forestiers et de la pêche, le délai courra du jour de l'affirmation, ou du jour de la clôture des procès-verbaux, s'ils ne sont pas sujets à l'affirmation.

(15) Exception pour les protêts, que l'art. 23 de la loi du 24 mai 1834 assujettit, quoique faits par les notaires, au même délai que ceux faits par les huissiers, c'est-à-dire quatre jours.

(16) Même délai suivant l'art. 41 de la loi du 21 avril 1818, pour les inventaires en matière de douane ; suivant l'art. 42 de l'ordonnance du 17 avril 1839, pour les procès-verbaux relatifs aux poids et mesures ; et pour les baux des biens des hospices et autres établissements publics de bienfaisance ou d'instruction publique, suivant l'art. 5 du décret du 12 août 1807.

(17) V. la note 6. — L'art. 154 du décret du 16 février 1807 porte que le procès-verbal du juge-commissaire, relatif à l'état de collocation en matière d'ordre, ne sera enregistré que lors de la délivrance des mandements.

(18) Ou les Administrations et fonctionnaires qui les ont remplacées. V. notamment la loi du 28 Pluviôse an 8, qui a institué les Préfets, Sous-Préfets et Maires. (Art. 6 de la loi du 27 ventôse an 9.)

(19) Sont sujets à l'enregistrement dans le même délai de vingt jours : les actes des autorités administratives et des établissements publics, qui sont assujettis à la formalité sur la minute (V. la note 6), et à partir du jour où ils sont dévenus définitifs par l'approbation ;— les actes et procès-verbaux de vente de prises de navires, faits par les officiers de la marine; et les actes de prestation de serment : V. la note 6 ; — les baux à ferme de biens communaux faits par les notaires : art. 4 et 5 de l'ordonnance du 7 octobre 1818.

gistrés *dans les trois mois* du décès des testateurs, à la diligence des héritiers, donataires, légataires, ou exécuteurs testamentaires. (20)

22. Les actes qui, à l'avenir, seront faits sous signature privée, et qui porteront transmission de propriété ou d'usufruit *de biens immeubles ;* et les baux à ferme ou à loyer, sous-baux, cessions et subrogations de baux, et les engagements, aussi sous signature privée, *de biens de même nature*, seront enregistrés *dans les trois mois de leur date.* (21)

Pour ceux des actes de ces espèces (22) qui seront passés en pays étranger, ou dans les îles ou colonies françaises où l'enregistrement n'aurait pas encore été établi (23), le délai sera de *six mois*, s'ils sont faits en Europe ; *d'une année*, si c'est en Amérique ; et *de deux années*, si c'est en Asie ou en Afrique.

23. Il n'y a point de délai de rigueur pour l'enregistrement de tous autres actes (24) que ceux mentionnés dans l'article précédent, qui seront faits sous signature privée (25), ou passés en pays étranger, et dans les îles et colonies françaises où l'enregistrement n'aurait pas encore été établi (23); mais il ne pourra en être fait aucun usage, soit par acte public, soit en justice ou devant toute autre autorité constituée, qu'ils n'aient été préalablement enregistrés. (26)
(27)

24. Les délais pour l'enregistrement des déclarations que les héritiers, donataires ou légataires, auront à passer des biens à eux échus ou transmis par décès, sont,

s a v o i r ,

*De six mois*, à compter du jour du décès, lorsque celui dont on recueille la succession est décédé en France ;

---

(20) V. l'art. 1000 du code civil, pour les testaments faits en pays étranger.

(21) Ces dispositions ont été étendues aux mutations pour lesquelles les nouveaux possesseurs prétendraient qu'il n'existe pas entre eux et les précédents propriétaires ou usufruitiers de conventions écrites ; à défaut d'actes, il y serait suppléé par des déclarations détaillées et estimatives dans les trois mois de l'entrée en possession, à peine d'un droit en sus. Art. 4 de la loi du 27 ventôse an 9.

(22) Ou conventions, V. la note 21 ; et concernant des immeubles situés en France, V. l'art. 68 §. 4 et 5.

(23) C'est-à-dire où l'impôt de l'enregistrement n'est point perçu d'après les lois en vigueur en France, ce qui s'applique à toutes les colonies, soumises à une législation spéciale.

(24) Ou conventions, V. la note 21.

(25) Ou verbalement, V. la note 21.

(26) V. au sujet des actes passés en pays étranger ou dans les colonies, les art. 58 de la loi du 28 avril 1816, et 4 de la loi du 16 juin 1824; et l'article 42 et les notes.

(27) Des règles spéciales ont été établies pour les droits des traités ou conventions ayant pour objet la transmission des offices. V. la loi du budget du 25 juin 1841, article 6 et suivants.

**11**

*De huit mois*, s'il est décédé dans toute autre partie de l'Europe ;

*D'une année*, s'il est mort en Amérique ;

Et *de deux années*, si c'est en Afrique ou en Asie.

Le délai de six mois ne courra que du jour de la mise en possession, pour la succession d'un absent, celle d'un condamné si ses biens sont séquestrés, celle qui aurait été séquestrée pour toute autre cause, celle d'un défenseur de la patrie, s'il est mort en activité de service, hors de son département ; ou enfin celle qui serait recueillie par indivis avec la nation.

Si avant les derniers six mois des délais fixés pour les déclarations des successions de personnes décédées hors de France, les héritiers prennent possession des biens, il ne restera d'autre délai à courir, pour passer déclaration, que celui de six mois, à compter du jour de la prise de possession. (28)

25. Dans les délais fixés par les articles précédents pour l'enregistrement des actes et déclarations, le jour de la date de l'acte, ou celui de l'ouverture de la succession, ne sera point compté.

Si le dernier jour du délai se trouve être un décadi (29) ou un jour de fête nationale (30), ou s'il tombe dans les jours complémentaires (31), ces jours-là ne seront point comptés non plus.

## TITRE IV.

*Des bureaux où les actes et mutations doivent être enregistrés.*

26. Les notaires ne pourront faire enregistrer leurs actes qu'aux bureaux dans l'arrondissement desquels ils résident.

Les huissiers et tous autres ayant pouvoir de faire des exploits, procès-verbaux ou rapports, feront enregistrer leurs actes, soit au bureau de leur résidence, soit au bureau du lieu où ils les auront faits.

---

(28) Les héritiers, légataires et tous autres, appelés à exercer des droits subordonnés au décès d'un individu dont l'absence est déclarée, sont tenus de faire, dans les six mois du jour de l'envoi en possession provisoire, la déclaration à laquelle ils seraient tenus s'ils étaient appelés par effet de la mort, et d'acquitter les droits sur la valeur entière des biens ou droits qu'ils recueillent. En cas de retour de l'absent, les droits payés seront restitués, sous la seule déduction de celui auquel aura donné lieu la jouissance des héritiers. Article 40 de la loi du 28 avril 1816.

(29) Dimanche. Art. 57 de la loi du 18 Germinal an 10 ; — sénatus-consulte du 22 Fructidor an 13.

(30) Légale : aujourd'hui Noël, Ascension, Assomption, Toussaint, suivant la loi du 29 Germinal an 10 ; et le Premier janvier, en vertu de l'avis du conseil d'État du 13-20 mars 1810.

(31) Abolis par le rétablissement du calendrier grégorien. Sénatus-consulte du 22 Fructidor an 13.

Les greffiers et les secrétaires des administrations centrales et municipales (32) feront enregistrer les actes qu'ils sont tenus de soumettre à cette formalité, aux bureaux dans l'arrondissement desquels ils exercent leurs fonctions.

Les actes sous signature privée, et ceux passés en pays étranger, pourront être enregistrés dans tous les bureaux indistinctement.

27. Les mutations de propriété ou d'usufruit par décès seront enregistrées au bureau de la situation des biens.

Les héritiers, donataires ou légataires, leurs tuteurs ou curateurs, seront tenus d'en passer déclaration détaillée et de la signer sur le registre.

S'il s'agit d'une mutation, au même titre, de biens meubles, la déclaration en sera faite au bureau dans l'arrondissement duquel ils se seront trouvés au décès de l'auteur de la succession.

Les rentes et les autres biens meubles, sans assiette déterminée lors du décès, seront déclarés au bureau du domicile du décédé.

Les héritiers, légataires ou donataires rapporteront, à l'appui de leurs déclarations *de biens meubles*, un inventaire ou état estimatif, article par article, par eux certifié, s'il n'a pas été fait par un officier public ; cet inventaire sera déposé et annexé à la déclaration, qui sera reçue et signée sur le registre du receveur de l'enregistrement.

## TITRE V.

*Du paiement des droits, et de ceux qui doivent les acquitter.*

28. Les droits des actes et ceux des mutations par décès seront payés avant l'enregistrement, aux taux et quotités réglés par la présente.

Nul ne pourra en atténuer ni différer le paiement sous le prétexte de contestation sur la quotité, ni pour quelque autre motif que ce soit, sauf à se pourvoir en restitution, s'il y a lieu.

29. Les droits des actes à enregistrer seront acquittés,

SAVOIR,

Par les notaires, *pour les actes passés devant eux ;*

Par les huissiers et autres ayant pouvoir de faire des exploits et procès-verbaux, *pour ceux de leur ministère ;*

Par les greffiers, *pour les actes et jugements ( sauf le cas prévu par l'article 37 ci-après ) qui doivent être enregistrés sur les minutes, aux termes de l'article 7 de la présente, et ceux passés et reçus aux greffes, et pour les extraits, copies et expé-*

---

(32) V. la note 18.

*ditions qu'ils délivrent des jugements qui ne sont pas soumis à l'enregistrement sur les minutes ;* (33)

Par les secrétaires des administrations centrales et municipales (34), *pour les actes de ces administrations qui sont soumis à la formalité de l'enregistrement , sauf aussi le cas prévu par l'article 37 ;*

Par les parties, *pour les actes sous signature privée, et ceux passés en pays étranger, qu'elles auront a faire enregistrer; pour les ordonnances sur requêtes ou mémoires, et les certificats qui leur sont immédiatement délivrés par les juges ; et pour les actes et décisions qu'elles obtiennent des arbitres, si ceux-ci* (35) *ne les ont pas fait enregistrer;* (36)

Et par les héritiers , légataires et donataires , leurs tuteurs et curateurs , et les exécuteurs testamentaires , *pour les testaments et autres actes de libéralité à cause de mort.*

30. Les officiers publics qui, aux termes des dispositions précédentes, auraient fait , pour les parties , l'avance des droits d'enregistrement, pourront prendre exécutoire du juge de paix de leur canton, pour leur remboursement.

L'opposition qui serait formée contre cet exécutoire , ainsi que toutes les contestations qui s'élèveraient à cet égard, seront jugées conformément aux dispositions portées par l'article 65 de la présente , relatif aux instances poursuivies au nom de la nation.

31. Les droits des actes civils et judiciaires emportant obligation , libération, ou translation de propriété ou d'usufruit de meubles ou immeubles , seront supportés par les débiteurs et nouveaux possesseurs ; et ceux de tous les autres actes

---

(33) V. la note 6, au sujet de ces actes et jugements.

(34) V. la note 18.

(35) Les poursuites pour les droits d'enregistrement ne pourront être faites que contre les parties. Art. 1020 du code de procédure.

(36) V. au surplus l'article 20. Pour les actes dont la confection peut exiger plusieurs séances et dont le droit est tarifé par vacation, un décret du 10 Brumaire an 14 contient les dispositions suivantes: Tous officiers publics ayant droit d'apposer des scellés, de les reconnaître et de les lever , de rédiger des inventaires , de faire des ventes ou autres actes dont la confection peut exiger plusieurs séances , sont tenus d'indiquer , à chaque séance , l'heure du commencement et celle de la fin.—Toutes les fois qu'il y a interruption dans l'opération , avec renvoi à un autre jour ou à une autre heure de la même journée , il en sera fait mention dans l'acte , que les parties et les officiers signeront sur le champ, pour constater cette interruption. — Le procès-verbal est sujet à l'enregistrement dans le délai fixé par la loi.— Le droit d'enregistrement, tarifé par vacation , est exigible par vacation , dont aucune ne peut excéder quatre heures.

le seront par les parties auxquelles les actes profiteront, lorsque, dans ces divers cas, il n'aura pas été stipulé de dispositions contraires dans les actes.

32. Les droits des déclarations des mutations par décès seront payés par les héritiers, donataires ou légataires. (37)

Les cohéritiers seront solidaires.

La nation aura action sur les revenus des biens à déclarer, en quelques mains qu'ils se trouvent, pour le paiement des droits dont il faudrait poursuivre le recouvrement. (38)

(39)

## TITRE VI.

*Des peines pour défaut d'enregistrement des actes et déclarations dans les délais, et de celles portées relativement aux omissions, aux fausses estimations et aux contre-lettres.*

33. Les notaires qui n'auront pas fait enregistrer leurs actes dans les délais prescrits, paieront personnellement, à titre d'amende et pour chaque contravention, une somme de cinquante francs (40), s'il s'agit d'un acte sujet au droit *fixe*, ou une somme égale au montant du droit, s'il s'agit d'un acte sujet au droit proportionnel, sans que, dans ce dernier cas, la peine puisse être au-dessous de cinquante francs (40).

Il seront tenus, en outre, du paiement des droits, sauf leur recours contre les parties pour ces droits seulement.

34. La peine contre un huissier ou autre ayant pouvoir de faire des exploits ou procès-verbaux, est, pour un exploit ou procès-verbal non présenté à l'enregistrement dans le délai, d'une somme de vingt-cinq francs (41), et de plus

---

(37) Les droits d'enregistrement des legs particuliers sont dus par les légataires, s'il n'en a été autrement ordonné par le testament. Chaque legs pourra être enregistré séparément, sans que cet enregistrement puisse profiter à aucun autre qu'au légataire ou à ses ayant-cause. Art. 1016 du code civil.

(38) Toutefois cette action, lorsque les droits de mutation par décès n'auront pas été acquittés par les héritiers, ne pourra être exercée au préjudice des tiers acquéreurs. Avis du conseil d'État du 21 septembre 1810.

(39) Dans le cas d'adjudications faites en justice, l'avoué dernier enchérisseur sera tenu, dans les trois jours de l'adjudication, de déclarer l'adjudicataire et de fournir son acceptation, sinon, de représenter son pouvoir, lequel demeurera annexé à la minute de sa déclaration : faute de ce faire, il sera réputé adjudicataire en son nom. Art. 707 du code de procédure.

(40) Réduite à dix francs par l'art. 10 de la loi du 16 juin 1824.

(41) Réduite à cinq francs par l'art. 10 de la loi du 16 juin 1824.

une somme équivalente au montant du droit de l'acte non enregistré. L'exploit ou procès-verbal non enregistré dans le délai est déclaré nul, et le contrevenant responsable de cette nullité envers la partie.

Ces dispositions, relativement aux exploits et procès-verbaux, ne s'étendent pas aux procès-verbaux de vente de meubles et autres objets mobiliers, ni à tout autre acte du ministère des huissiers, sujet au droit proportionnel. La peine pour ceux-ci sera d'une somme égale au montant du droit, sans qu'elle puisse être au-dessous de cinquante francs (42). Le contrevenant paiera en outre le droit dû pour l'acte, sauf son recours contre la partie, pour ce droit seulement.

35. Les greffiers qui auront négligé de soumettre à l'enregistrement, dans le délai fixé, les actes qu'ils sont tenus de présenter à cette formalité, paieront personnellement, à titre d'amende, et pour chaque contravention, une somme égale au montant du droit. (43)

Ils acquitteront en même temps le droit, sauf leur recours, pour ce droit seulement, contre la partie.

36. Les dispositions de l'article précédent s'appliquent également aux secrétaires des administrations centrales et municipales (44), pour chacun des actes qu'il leur est prescrit de faire enregistrer, s'ils ne les ont pas soumis à l'enregistrement dans le délai.

37. Il est néanmoins fait exception aux dispositions des deux articles précédents, quant aux jugements rendus à *l'audience*, qui doivent être enregistrés sur les minutes (45), et aux actes d'adjudications passés en séance *publique* des administrations, (46) lorsque les parties n'auront pas consigné aux mains des greffiers

(42) Réduite à dix francs par l'art. 10 de la loi du 16 juin 1824.

(43) S'il s'agit d'un jugement prononçant des condamnations sur des conventions verbales, V., quant au droit en sus à payer, la note 192. — En matière criminelle, correctionnelle et de police, lorsqu'il y aura une partie civile, les droits seront acquittés par elle. A cet effet, le greffier pourra exiger d'avance la consignation entre ses mains du montant des droits. A défaut de cette consignation et de l'accomplissement de la formalité dans le délai prescrit, le recouvrement du droit ordinaire et du droit en sus sera poursuivi contre la partie civile, par le Receveur de l'enregistrement, sur l'extrait du jugement que le greffier sera tenu de lui délivrer, dans le délai et suivant les prescriptions et peines indiquées soit par l'article 35, soit par l'article 37. V. les art. 2 et 3 de l'ordonnance du 22 mai 1816.

(44) V. les notes 18 et 19.

(45) V. la note 6.

(46) V. aussi les articles 7 de la loi du 27 ventôse an 9, 78 et 79 de celle du 15 mai 1818, 58 de la loi du 28 avril 1816, et l'ordonnance du 22 mai 1816, cités à la note 6, qui rendent l'article 37 applicable aux actes mentionnés dans cette dernière note.

et des secrétaires (47), dans le délai prescrit pour l'enregistrement, le montant des droits fixés par la loi. Dans ce cas, le recouvrement en sera poursuivi contre les parties par les receveurs: elles supporteront en outre la peine du droit en sus.

Pour cet effet, les greffiers et les secrétaires (48) fourniront aux receveurs de l'enregistrement, dans la décade qui suivra l'expiration du délai, des extraits par eux certifiés des actes et jugements dont les droits ne leur auront pas été remis par les parties, à peine d'une amende de dix francs pour chaque décade (49) de retard (50), et pour chaque acte et jugement, et d'être en outre personnellement contraints au paiement des doubles droits. (51)

38. Les actes sous signature privée, et ceux passés en pays étranger, dénommés dans l'article 22, qui n'auront pas été enregistrés dans les délais déterminés, seront soumis au double droit d'enregistrement.

Il en sera de même pour les testaments non enregistrés dans le délai. (52)

39. Les héritiers, donataires ou légataires qui n'auront pas fait, dans les délais prescrits, les déclarations des biens à eux transmis par décès, paieront, à titre d'amende, un demi-droit en sus du droit qui sera dû pour la mutation.

La peine pour les omissions qui seront reconnues avoir été faites dans les déclarations, sera d'un droit en sus de celui qui se trouvera dû pour les objets omis : il en sera de même pour les insuffisances constatées dans les estimations des biens déclarés.

Si l'insuffisance est établie par un rapport d'experts, les contrevenants paieront en outre les frais de l'expertise.

Les tuteurs et curateurs supporteront personnellement les peines ci-dessus, lorsqu'ils auront négligé de passer les déclarations dans les délais, ou qu'ils auront fait des omissions ou des estimations insuffisantes.

40. Toute contre-lettre faite sous signature privée, qui aurait pour objet une augmentation du prix stipulé dans un acte public, ou dans un acte sous signature privée précédemment enregistré, est déclarée nulle et de nul effet.

---

(47) V. la note 18.

(48) V. la note 18.

(49) Dix jours. V. la note 29.

(50) L'article 10 de la loi du 16 juin 1824 a réduit cette peine au paiement d'une seule amende, quelle que soit la durée du retard.

(51) Pour l'enregistrement des sentences arbitrales, V. la note 35.

(52) Suivant l'article 4 de la loi du 27 ventôse an 9, cet article s'applique aussi aux mutations pour lesquelles il n'y aurait pas de conventions écrites. V. la note 21. — Un avis du conseil d'État du 9 février 1810 porte, en outre, que le double droit pourra être exigé lorsque les actes et mutations seront présentés ou déclarés par les héritiers ou représentants de celui qui a contracté, ou par tout autre. — V. au surplus les notes 56 et 58.

Néanmoins, lorsque l'existence en sera constatée, il y aura lieu d'exiger, à titre d'amende, une somme triple du droit qui aurait eu lieu, sur les sommes et valeurs ainsi stipulées.

## TITRE VII.

*Des obligations des notaires, huissiers, greffiers, secrétaires, juges, arbitres, administrateurs et autres officiers ou fonctionnaires publics, des parties et des receveurs, indépendamment de celles imposées sous les titres précédents.*

41. Les notaires, huissiers, greffiers, (53) et les secrétaires des administrations centrales et municipales (54), ne pourront délivrer en brevet, copie ou expédition, aucun acte soumis à l'enregistrement sur la minute ou l'original, ni faire aucun autre acte en conséquence, avant qu'il ait été enregistré, quand même le délai pour l'enregistrement ne serait pas encore expiré, à peine de cinquante francs (55) d'amende, outre le paiement du droit. (56)

Sont exceptés les exploits et autres actes de cette nature qui se signifient à partie, ou par affiches et proclamations, et les effets négociables compris sous l'article 69, §. 2, nombre 6 de la présente.

A l'égard des jugements qui ne sont assujettis à l'enregistrement que sur les expéditions, il est défendu aux greffiers, sous les mêmes peines, d'en délivrer aucune, même par simple note ou extrait, aux parties ou autres intéressés, sans l'avoir fait enregistrer. (57)

---

(53) Les avoués, art. 11 de la loi du 16 juin 1824.

(54) V. les notes 18 et 19.

(55) Réduite à dix francs par l'article 10 de la loi du 16 juin 1824.

(56) Cet article et le suivant ont reçu de l'extension en ce qui concerne les actes des notaires. L'article 56 de la loi du 28 avril 1816, qui cite par erreur l'article 24 de la présente loi, et qui modifie l'article 41, porte que cet article de la loi du 22 frimaire an 7 continuera d'être exécuté : néanmoins, à l'égard des actes que le même officier aurait reçus, et dont le délai d'enregistrement ne serait pas encore expiré, il pourra en énoncer la date, avec la mention que ledit acte sera présenté à l'enregistrement en même-temps que celui qui contient ladite mention ; mais dans aucun cas l'enregistrement du second acte ne pourra être requis avant celui du premier, sous les peines de droit. — Et l'article 13 de la loi du 16 juin 1824, dérogeant à cet égard à l'article 42, en citant l'article 41, porte que les notaires pourront faire des actes en vertu et par suite d'actes sous seing privé non enregistrés, et les énoncer dans leurs actes, mais sous la condition que chacun de ces actes sous seing privé demeurera annexé à celui dans lequel il se trouvera mentionné, qu'il sera soumis avant lui à la formalité de l'enregistrement, et que les notaires seront personnellement responsables, non seulement des droits d'enregistrement et de timbre, mais encore des amendes auxquelles les actes sous seing privé se trouveront assujettis.

(57) V. la note 6.

42. Aucun notaire , huissier, greffier , secrétaire ou autre officier public, ne pourra faire ou rédiger un acte en vertu d'un acte sous signature privée , ou passé en pays étranger (58), l'annexer à ses minutes , ni le recevoir en dépôt , ni en délivrer extrait, copie ou expédition, s'il n'a été préalablement enregistré , à peine de cinquante francs (60) d'amende, et de répondre personnellement du droit, sauf l'exception mentionnée dans l'article précédent. (59)

43. Il est également défendu , sous la peine de cinquante francs (60) d'amende, à tout notaire ou greffier, de recevoir aucun acte en dépôt , sans dresser acte du dépôt.

Sont exceptés les testaments déposés chez les notaires par les testateurs.

44. Il sera fait mention dans toutes les expéditions des actes publics , civils ou judiciaires qui doivent être enregistrés sur les minutes, de la quittance des droits, par une transcription littérale et entière de cette quittance.

Pareille mention sera faite dans les minutes des actes publics , civils , judiciaires ou extrajudiciaires, qui se feront en vertu d'acte sous signature privée ou passé en pays étranger , et qui sont soumis à l'enregistrement par la présente.

Chaque contravention sera punie par une amende de dix francs (61).

45. Les greffiers qui délivreront des secondes et subséquentes expéditions des actes et jugements assujettis au droit proportionnel , mais qui ne sont pas dans le cas d'être enregistrés sur les minutes, seront tenus de faire mention, dans chacune de ces expéditions, de la quittance du droit payé pour la première expédition, par une transcription littérale de cette quittance.

Ils feront également mention , sur la minute, de chaque expédition délivrée , de la date de l'enregistrement et du droit payé.

---

(58) V. les art. 58 de la loi du 28 avril 1816 , et 4 de la loi du 16 juin 1824. Il résulte de leur combinaison avec l'article 42 , qu'il ne peut être fait usage , en justice , d'aucun acte passé en pays étranger ou dans les colonies Françaises (et pour des biens situés en France), qu'il n'ait acquitté les mêmes droits que s'il avait été souscrit en France ; et qu'il en est de même pour les mentions desdits actes dans des actes publics : sous les peines portées par l'article 42. — S'il s'agissait d'un acte sujet au droit fixe , le droit perçu dans la colonie devrait être imputé.

(59) Rapprocher cet article de l'article 41 et des notes.—V. aussi une délibération du Directoire exécutif du 22 ventôse an 7 , rapportée dans la circulaire de la régie n° 1554 et au n° 71 du Journal de l'enregistrement, portant que les actes sous seing privé appartenant à la succession peuvent être inventoriés sans avoir été soumis préalablement à la formalité de l'enregistrement.

(60) Réduite à dix francs par l'article 10 de la loi du 16 juin 1824.

(61) Réduite à cinq francs par l'article 10 de la loi du 16 juin 1824.

Toute contravention à ces dispositions sera punie par une amende de dix francs. (62)

46. Dans le cas de fausse mention d'enregistrement, soit dans une minute , soit dans une expédition , le délinquant sera poursuivi par la partie publique , sur la dénonciation du préposé de la régie, et condamné aux peines prononcées pour le faux.

47. Il est défendu aux juges et arbitres de rendre aucun jugement, et aux administrations centrales et municipales (63) de prendre aucun arrêté en faveur de particuliers, sur des actes non enregistrés , à peine d'être personnellement responsables des droits.

48. Toutes les fois qu'une condamnation sera rendue , ou qu'un arrêté sera pris sur un acte enregistré , le jugement , la sentence arbitrale ou l'arrêté en fera mention , et énoncera le montant du droit payé, la date du paiement et le nom du bureau où il aura été acquitté; en cas d'omission, le receveur exigera le droit, si l'acte n'a pas été enregistré dans son bureau , sauf restitution dans le délai prescrit, s'il est ensuite justifié de l'enregistrement de l'acte sur lequel le jugement aura été prononcé ou l'arrêté pris. (64)

49. Les notaires, huissiers, greffiers , et les secrétaires des administrations centrales et municipales (65), tiendront des répertoires à colonnes, sur lesquels ils inscriront, jour par jour , sans blanc ni interligne et par ordre de numéros ; savoir ,

1º *Les notaires*, tous les actes et contrats qu'ils recevront , même ceux qui seront passés en brevet , à peine de dix francs d'amende (66) pour chaque omission;

2º *Les huissiers* , tous les actes et exploits de leur ministère, sous peine d'une amende de cinq francs pour chaque omission ;

3º *Les greffiers* , tous les actes et jugements qui , aux termes de la présente , doivent être enregistrés sur les minutes , à peine d'une amende de dix (66) francs pour chaque omission ;

4º Et *les secrétaires*, tous les actes des administrations , qui doivent aussi être enregistrés sur les minutes , à peine d'une amende de dix francs (66) pour chaque omission. (67)

---

(62) **Ces** dispositions sont devenues sans objet , l'art. 38 de la loi du 28 avril 1816 ayant assujetti tous les actes judiciaires à l'enregistrement sur la minute, V. la note 6.

(63) V. la note 18.

(64) Une nouvelle disposition a été ajoutée à cet article par la loi du 28 avril 1816 , art. 57. V. la note 193.

(65) V. la note 18.

(66) Réduite à cinq francs par l'article 10 de la loi du 16 juin 1824.

(67) 50. Chaque article du répertoire contiendra, 1° son numéro; 2° la date de l'acte ; 3° sa nature ; 4° les noms et prénoms des parties et leurs domiciles ; 5° l'indication des biens, leur situation et le prix, lorsqu'il s'agira d'actes qui auront pour objet la propriété, l'usufruit ou la jouissance de biens-fonds ; 6° la relation de l'enregistrement.

51. Les notaires, huissiers, greffiers, et les secrétaires des administrations centrales et municipales (68), présenteront (69), tous les trois mois, leurs répertoires aux receveurs de l'enregistrement de leur résidence, qui les viseront et qui énonceront dans leur *visa* le nombre des actes inscrits. Cette présentation aura lieu, chaque année, dans la première décade (70) de chacun des mois de nivôse, germinal, messidor et vendémiaire (71), à peine d'une amende de dix francs pour chaque décade de retard. (72)

52. Indépendamment de la représentation ordonnée par l'article précédent, les notaires, huissiers, greffiers et secrétaires (73), seront tenus (74) de communiquer leurs répertoires, à toute réquisition, aux préposés de l'enregistrement qui se présenteront chez eux pour les vérifier, à peine d'une amende de cinquante francs (75) en cas de refus.

Le préposé, dans ce cas, requerra l'assistance d'un officier municipal, ou de l'agent (76), ou de l'adjoint de la commune du lieu, pour dresser, en sa présence, procès-verbal du refus qui lui aura été fait. (77)

---

(67) L'obligation de tenir un répertoire à été étendue aux commissaires-priseurs et aux courtiers de commerce, par les articles 13 de l'ordonnance du 26 juin 1816 et 11 de la loi du 16 juin 1824, mais seulement pour les procès-verbaux de ventes de meubles et de marchandises et pour les actes faits en conséquence de ces ventes ; et par l'article 82 de la loi du 15 mai 1818, aux actes des autorités administratives et des établissements publics qui sont assujettis à l'enregistrement sur la minute (V. la note 6).—L'article 49 a été confirmé, quant aux notaires, par l'art. 29 de la loi du 25 ventôse an 11, qui porte que les notaires tiendront répertoire de tous les actes qu'ils recevront, suivant la forme indiquée par l'article 30 de la même loi.

(68) V. la note 18.

(69) V. la note 67.

(70) Dix jours. V. la note 29.

(71) Janvier, avril, juillet et octobre. V. la note 29.

(72) L'art. 10 de la loi du 16 juin 1824 a réduit la peine à dix francs, quelle que soit la durée du retard,

(73) V. la note 18.

(74) V. la note 67.

(75) Réduite à dix francs par l'article 10 de la loi du 16 juin 1824.

(76) Du Maire. V. la note 18.

(77) Les notaires, les commissaires-priseurs et les courtiers de commerce, sont, en outre,

53. Les répertoires seront cotés et paraphés ; savoir, ceux des notaires (78) , huissiers (79) et greffiers de la justice de paix, par le juge de paix de leur domicile; ceux des greffiers des tribunaux , par le président; et ceux des secrétaires des administrations (80), par le président de l'administration. (81)

54. Les dépositaires des registres de l'état civil , ceux des rôles des contributions , et tous autres chargés des archives et dépôts de titres publics , seront tenus de les communiquer , sans déplacer , aux préposés de l'enregistrement , à toute réquisition, et de leur laisser prendre , sans frais, les renseignements, extraits et copies qui leur seront nécessaires pour les intérêts de la République (82) , à peine de cinquante francs d'amende (83) pour refus constaté par procès-verbal du préposé, qui se fera accompagner, ainsi qu'il est prescrit par l'article 52 ci-dessus, chez les détenteurs et dépositaires qui auront fait refus.

Ces dispositions s'appliquent aussi aux notaires, huissiers, greffiers et secrétaires des administrations centrales et municipales (84), pour les actes dont ils sont dépositaires. (85)

Sont exceptés les testaments et autres actes de libéralité à cause de mort, du vivant des testateurs.

Les communications ci-dessus ne pourront être exigées les jours de repos , et

tenus de déposer un double de leur répertoire au greffe. V. l'article 16 , titre 3 , de la loi du 29 septembre 1791, la loi du 16 Floréal an 4, et l'article 11 de la loi du 16 juin 1824.— L'article 10 de cette dernière loi a réduit à dix francs l'amende encourue en cas de retard , quelle qu'en soit la durée.

(78) Par le Président ou par un juge. Art. 30 de la loi du 25 ventôse an 11.

(79) Par le président ou par un juge , dans les villes où siège une cour ou un tribunal de première instance ; ailleurs, par le juge de paix. Avis du conseil d'État du 6 juillet 1810 ; décret du 14 juin 1813 , art. 46.

(80) V. la note 18.—Par les Préfets et sous-Préfets, pour leurs Répertoires et pour ceux des maires.

(81) Ceux des commissaires priseurs et des courtiers , par le président de leur arrondissement. Art. 13 de l'ordonnance du 26 juin 1816 , et 11 de la loi du 16 juin 1824.

(82) De l'État.

(83) Réduite à dix francs par l'art. 10 de la loi du 16 juin 1824.

(84) V. la note 18.

(85) Ces dispositions s'appliquent également aux commissaires-priseurs et courtiers de commerce , pour les actes dont ils sont dépositaires ; et aux Préfectures , sous-Préfectures et mairies , pour ceux de leurs actes qui sont assujettis à l'enregistrement dans un délai déterminé. V. l'art. 82 de la loi du 15 mai 1818 , l'art. 11 de la loi du 16 juin 1824 , et la note 6. — Elles ont été étendues également aux Receveurs de revenus et dépositaires d'actes des communes et des établissements publics , par le décret du 14 messidor an 13.

les séances, dans chaque autre jour , ne pourront durer plus de quatre heures de la part des préposés, dans les dépôts où ils feront leurs recherches.

55. Les notices des actes de décès qui, aux termes de l'article 5 de la loi du 13 fructidor an 6 , relative à la célébration des décadis (86), doivent être remises, pour chaque décade , au chef-lieu du canton , par les officiers publics ou les agents de communes faisant fonctions d'officiers publics , seront transcrites sur un registre particulier tenu par les secrétaires des administrations municipales. (87)

Les secrétaires (88) fourniront, par quartier (89), aux receveurs de l'enregistrement de l'arrondissement (90) , les relevés , par eux certifiés , desdits actes de décès. Il seront délivrés sur papier non timbré, et remis dans les mois de nivôse , germinal, messidor et vendémiaire (91) , à peine d'une amende de trente francs (92) pour chaque mois de retard. Ils en retireront *récépissé* aussi sur papier non timbré.

56. Les receveurs de l'enregistrement ne pourront , sous aucun prétexte, lors même qu'il y aurait lieu à l'expertise , différer l'enregistrement des actes et mutations dont les droits auront été payés aux taux réglés par la présente.

Ils ne pourront non plus suspendre ou arrêter le cours des procédures en retenant des actes ou exploits: cependant , si un acte dont il n'y a pas de minute , ou un exploit , contient des renseignements dont la trace puisse être utile pour la découverte des droits dus , le receveur aura la faculté d'en tirer copie, et de la faire certifier conforme à l'original par l'officier qui l'aura présenté. En cas de refus, il pourra réserver l'acte pendant vingt-quatre heures seulement , pour s'en procurer une collation en forme, à ses frais, sauf répétition s'il y a lieu.

Cette disposition est applicable aux actes sous signature privée qui seront présentés à l'enregistrement.

57. La quittance de l'enregistrement sera mise sur l'acte enregistré ou sur l'extrait de la déclaration du nouveau possesseur.

Le receveur y exprimera en toutes lettres la date de l'enregistrement , le folio du registre , le numéro , et la somme des droits perçus.

---

(86) V. la note 29.

(87) Dispositions abolies par la loi du 28 pluviôse an 8 , qui a institué des maires dans chaque commune, et par le titre xi du livre 1ᵉʳ du code civil , concernant les actes de l'état civil.

(88) Maires. V. la note 18.

(89) Trimestre.

(90) Du canton.

(91) Janvier, avril , juillet et octobre. V. la note 31.

(92) Réduite à dix francs par l'article 10 de la loi du 16 juin 1824.

Lorsque l'acte renfermera plusieurs dispositions opérant chacune un droit particulier, le receveur les indiquera sommairement dans sa quittance, et y énoncera distinctement la quotité de chaque droit perçu, à peine d'une amende de dix francs (93) pour chaque omission.

58. Les receveurs de l'enregistrement ne pourront délivrer d'extraits de leurs registres que sur ordonnance du juge de paix, lorsque ces extraits ne seront pas demandés par quelqu'une des parties contractantes, ou leurs ayants-cause.

Il leur sera payé un franc pour recherche de chaque année indiquée, et cinquante centimes par chaque extrait, outre le papier timbré ; ils ne pourront rien exiger au-delà.

(94)

59. Aucune autorité publique, ni la régie, ni ses préposés, ne peuvent accorder de remise ou modération des droits établis par la présente et des peines encourues, ni en suspendre ou faire suspendre le recouvrement, sans en devenir personnellement responsables.

## TITRE VIII.

### Des droits acquis, et des prescriptions.

60. Tout droit d'enregistrement perçu régulièrement en conformité de la présente, ne pourra être restitué, quels que soient les événements ultérieurs, sauf les cas prévus par la présente.

61. Il y a prescription pour la demande des droits; savoir :

1º Après deux années, à compter du jour de l'enregistrement, s'il s'agit d'un droit non perçu sur une disposition particulière dans un acte, ou d'un supplément de perception insuffisamment faite, ou d'une fausse évaluation dans une déclaration, et pour la constater par voie d'expertise. (95)

---

(93) Réduite à cinq francs par l'article 10 de la loi du 16 juin 1824.

(94) L'article 11 de la loi du 18 mai 1791 porte que les Receveurs seront assidus à leurs bureaux, quatre heures le matin et quatre heures l'après-midi, et que les heures des séances seront affichées à la porte du bureau. Sont exceptés les jours de dimanche ( loi du 18 Germinal an 10, art. 57, et sénatus-consulte du 22 fructidor an 13 ) ; les jours de fêtes légales, Noël, Ascension, Assomption, Toussaint ( loi du 29 Germinal an 10 ) ; et le Premier janvier ( avis du conseil d'État du 13-20 mars 1810 ).

(95) Cette prescription a été étendue aux amendes de contravention aux dispositions de la présente loi, par un avis du conseil d'État du 22 août 1810, et par la loi du 16 juin 1824, art. 14. Suivant leurs dispositions, la prescription courra du jour où les préposés auront été mis à portée de constater les contraventions, au vu de chaque acte soumis à l'enregistrement, ou du jour de la représentation des répertoires à leur visa. Dans tous les cas, la prescription pour le recouvrement des droits simples d'enregistrement qui auraient été dus, indépendam-

Les parties seront également non recevables, après le même délai, pour toute demande en restitution de droits perçus;

2° Après trois années, aussi à compter du jour de l'enregistrement, s'il s'agit d'une omission de biens dans une déclaration faite après décès;

3° Après cinq années, à compter du jour du décès, pour les successions non déclarées.

Les prescriptions ci-dessus seront suspendues par des demandes signifiées et enregistrées avant l'expiration des délais; mais elles seront acquises irrévocablement, si les poursuites commencées sont interrompues pendant une année sans qu'il y ait d'instance devant les juges compétents, quand même le premier délai pour la prescription ne serait pas expiré.

62. La date des actes sous signature privée ne pourra cependant être opposée à la République (96) pour prescription des droits et peines encourues, à moins que ces actes n'aient acquis une date certaine par le décès de l'une des parties, ou autrement.

### TITRE IX.
#### *Des poursuites et instances.*

63. La solution des difficultés qui pourront s'élever relativement à la perception des droits d'enregistrement avant l'introduction des instances, appartient à la régie.

64. Le premier acte de poursuite pour le recouvrement des droits d'enregistrement et le paiement des peines et amendes prononcées par la présente, sera une contrainte. Elle sera décernée par le Receveur ou Préposé de la Régie; elle sera visée et déclarée exécutoire par le juge de paix du canton où le bureau est établi, et elle sera signifiée.

L'exécution de la contrainte ne pourra être interrompue que par une opposition formée par le redevable et motivée, avec assignation à jour fixe devant le tribunal civil du département (97). Dans ce cas, l'opposant sera tenu d'élire domicile dans la commune où siège le tribunal (98).

---

ment des amendes, restera réglée par les dispositions spéciales qui les concernent.--En conséquence, toutes les fois que les Receveurs de l'enregistrement seront à portée de découvrir par des actes présentés à la formalité, des contraventions à la présente loi, sujettes à l'amende, ils devront, dans les deux ans de la formalité donnée à l'acte, exercer des poursuites pour le recouvrement de l'amende, à peine de prescription.

(96) à l'État.

(97) De l'arrondissement. V. art. 6 de la loi du 27 ventôse an 8. ( Loi du 27 ventôse an 9, art. 6.)

(98) Dans l'étendue du ressort du tribunal ( V. le code de procédure ).

65. L'introduction et l'instruction des instances auront lieu devant les tribunaux civils de département (99). La connaissance et la décision en sont interdites
à toutes autres autorités constituées ou administratives.

L'instruction se fera par simples mémoires respectivement signifiés. (100)

Il n'y aura d'autre frais à supporter pour la partie qui succombera, que ceux du
papier timbré, des significations, et du droit d'enregistrement des jugements.

Les tribunaux accorderont, soit aux parties, soit aux Préposés de la Régie
qui suivront les instances, le délai qu'ils leur demanderont pour produire leurs
défenses. Il ne pourra néanmoins être de plus de trois décades. (101)

Les jugements seront rendus dans les trois mois au plus tard, à compter de
l'introduction des instances, sur le rapport d'un juge, fait en audience publique,
et sur les conclusions du commissaires du Directoire exécutif (102): ils seront sans
appel, et ne pourront être attaqués que par voie de cassation.

66. Les frais de poursuite payés par les Préposés de l'Enregistrement pour des
articles tombés en non-valeur pour cause d'insolvabilité reconnue des parties condamnées, leur seront remboursés sur l'état qu'ils en rapporteront à l'appui de
leurs comptes. L'état sera taxé sans frais par le tribunal civil du département (103),
et appuyé des pièces justificatives. (104)

## TITRE X.

### De la fixation des droits.

67. Les droits à percevoir pour l'enregistrement des actes et mutations, sont
et demeurent fixés aux taux et quotités tarifés par les articles 68 et 69 suivants.

### Droits fixes.

68. Les actes compris sous cet article seront enregistrés et les droits payés ainsi
qu'il suit ; savoir: (105)

---

(99) De l'arrondissement. V. la note 97.

(100) Sans plaidoiries et sans ministère d'avoués. Loi du 27 ventôse an 9, art. 17 ; avis
du conseil d'État du 12 mai-1er juin 1807.

(101) Un mois.

(102) Du ministère public. Loi du 27 ventôse an 8, art. 89 ; décret du 20 avril 1810,
art 6.

(103) De l'arrondissement. V. la note 97.

(104) Pour le mode de constater l'insolvabilité ou l'absence des redevables du Trésor public,
V. les articles 1 et 2 de la loi du 6 messidor an 10, et l'article 420 du code d'instruction
criminelle.

(105) Le tarif qui suit a subi des changements, additions et augmentations en grand nombre. qui seront successivement indiqués.

# LOI
# DE L'ENREGISTREMENT

## DU 22 FRIMAIRE AN 7 (12 DÉCEMBRE 1798),

### COMMENTÉE

#### AU MOYEN DE SA CONFÉRENCE AVEC LES LOIS POSTÉRIEURES

### PAR M. PERRY,

RECEVEUR DE L'ENREGISTREMENT ET DES DOMAINES.

————◦◦◦————

*DEUXIEME ÉDITION, MISE AU COURANT DE LA LÉGISLATION*.

( Dernière Partie. )

————◦◦◦◦◦◦◦————

#### (106) § PREMIER.

##### (107) *Actes sujets à un droit fixe d'un franc.*

1° Les abstentions, répudiations et renonciations à successions , legs ou communautés (108) , lorsqu'elles sont pures et simples , et si elles ne sont pas faites en justice. *Il est dû un droit par chaque renonçant et pour chaque succession à laquelle on renonce.*

---

(106) Avant le paragraphe 1er, il convient de classer 1° les lettres de gage des sociétés de crédit foncier, dont l'enregistrement a lieu au droit fixe de dix centimes, et qui doivent être enregistrées en même temps que l'acte de prêt, suivant l'article 14 du décret du 28 février 1852; 2° les significations d'avoué à avoué pour l'instruction des procédures devant les tribunaux de première instance, et les assignations et tous autres exploits devant les prudhommes; le tout sujet au droit de cinquante centimes, en vertu des articles 15 de la loi du 27 ventôse an 9 et 44 de la loi du 28 avril 1816, et sauf application de la dernière disposition du n° 30 du paragraphe 1er du présent article.

(107) Le moindre droit fixe d'enregistrement pour les actes civils et administratifs est porté à deux francs, à l'exception du droit sur les certificats de vie et de résidence qui est maintenu au taux actuel. Art. 8 de la loi du 18 mai 1850. — L'art. 30 de la même loi maintient le droit fixe de un franc pour les actes ayant pour objet exclusif la construction, l'entretien et la réparation des chemins vicinaux , ainsi qu'il est énoncé dans l'article 20 de la loi du 21 mai 1836; l'art. 2 de la loi du 22 février 1851 n'assujettit qu'au droit de un franc les brevets d'apprentissage.

(108) Suivant l'article 997 du code de procédure, les renonciations à communauté ou à suc-

' Paris, Vᵉ JOUBERT, libraire, rue des Grés, n° 14, près de la Faculté de Droit. — 1853.

4

2° Les acceptations de successions, legs ou communautés, aussi lorsqu'elles sont pures et simples. (107)

*Il est dû un droit par chaque acceptant et pour chaque succession.*

3° Les acceptations de transports ou délégations de créances à termes, faites par actes séparés, lorsque le droit proportionnel a été acquitté pour le transport ou la délégation ;

Et celles qui se font dans les actes mêmes de délégation de créances aussi à terme. (107)

4° Les acquiescements purs et simples, quand ils ne sont point faits en justice. (109)

5° Les actes de notoriété. (110)

6° Les actes qui ne contiennent que l'exécution, le complément et la consommation d'actes antérieurs enregistrés. (107)

7° Les actes refaits pour cause de nullité ou autre motif, sans aucun changement qui ajoute aux objets des conventions ou à leur valeur. (111)

8° Les adjudications à la folle enchère, lorsque le prix n'est pas supérieur à celui de la précédente adjudication, si elle a été enregistrée. (112)

9° Les adoptions. (113)

10° Les attestations pures et simples. (107)

11° Les avis de parents, autres que ceux contenant nomination de tuteurs et curateurs. (114)

12° Les autorisations pures et simples. (115)

13° Les bilans. (107)

14° Les brevets d'apprentissage qui ne contiennent ni obligation de sommes et valeurs mobilières, ni quittance. (107 *in fine*.)

15° Les cautionnements de personnes à représenter à justice. (116)

16° Les certifications de caution et de cautionnements. (117)

---

cession doivent être faites au greffe du tribunal dans l'arrondissement duquel la dissolution de la communauté ou l'ouverture de la succession s'est opérée. Le droit en ce cas est perçu comme il est dit au n° 6 du § 2.

(109) 2 fr., art. 43, n° 1, de la loi du 28 avril 1816.

(110) 2 fr., art. 43, n° 2, de la loi du 28 avril 1816.

(111) 2 fr., art. 43, n° 3, de la loi du 28 avril 1816.

(112) 3 fr., art. 44, n° 1, de la loi du 28 avril 1816.

(113) Autres que celles prononcées par jugement ou arrêt. Par jugement de première instance, 50 fr.; et par arrêts, 100 fr. Art. 48, n° 2, et 49, n° 1, de la loi du 28 avril 1816.

(114) Les avis de parents, y compris les nominations de tuteurs, portés à 4 fr. V. le § 2, n° 4. ci-après, l'art. 43, n° 4, de la loi du 28 avril 1816, et l'art. 5 de la loi du 19 juillet 1845. — Pour les nominations de curateurs, V. le § 4, n° 2.

(115) 2 fr., art. 43, n° 5, de la loi du 28 avril 1816.

(116) Assujettis au droit proportionnel de cinquante centimes pour cent par l'art. 50 de la loi du 28 avril 1816.

(117) 2 fr., art. 43, n° 6, de la loi du 28 avril 1816.

17° Les certificats purs et simples (107) ; ceux de vie par chaque individu , et ceux de résidence.

18° Les collations d'actes et pièces ou des extraits d'iceux, par quelque officier public qu'elles soient faites. (107)

*Le droit sera payé par chaque acte, pièce ou extrait collationné.*

19° Les compromis qui ne contiennent aucune obligation de sommes et valeurs donnant lieu au droit proportionnel. (118)

20° Les connaissements ou reconnaissances de chargements par mer (119), et les lettres de voiture. (107)

*Il est dû un droit par chaque personne à qui les envois sont faits.*

21° Les consentements purs et simples. (120)

22°. Les décharges également pures et simples, et les récépissés de pièces. (121)

23° Les déclarations, aussi pures et simples, en matière civile. (122)

24° Les déclarations ou élections de command ou d'ami , lorsque la faculté d'élire un command a été réservée dans l'acte d'adjudication ou le contrat de vente, et que la déclaration est faite par acte public et notifiée dans les vingt-quatre heures de l'adjudication ou du contrat. (123)

25° Les délivrances de legs pures et simples. (107)

26° Les dépôts d'actes et pièces chez des officiers publics. (124)

27° Les dépôts et consignations de sommes et effets mobiliers chez des officiers publics, lorsqu'ils n'opèrent pas la libération des déposants ; et les décharges qu'en donnent les déposants ou leurs héritiers, lorsque la remise des objets déposés leur est faite. (125)

28° Les désistements purs et simples. (126)

29° Les devis d'ouvrages et entreprises qui ne contiennent aucune obligation de somme et valeur, ni quittance. (107)

30° Les exploits, les significations, celles des cédules des juges de paix, les commandements , demandes, notifications, citations, offres ne faisant pas titre au créancier et non acceptées, oppositions, sommations, procès-verbaux, assignations, protêts, interventions à

---

(118) 3 fr., art. 44, n° 2, de la loi du 28 avril 1816.

(119) 3 fr., art. 44, n° 6, de la loi du 28 avril 1816.

(120) 2 fr., art. 43, n° 7, de la loi du 28 avril 1816.

(121) 2 fr., art. 43, n° 8, de la loi du 28 avril 1816.

(122) 2 fr., art. 43, n° 9, de la loi du 28 avril 1816 ; et art. 10 de la loi du 19 avril 1831, en ce qui concernait les déclarations de changement de domicile politique.

(123) 3 fr., art. 44, n° 3, de la loi du 28 avril 1816. V. aussi l'art. 707 du code de procédure pour les adjudications faites en justice.

(124) 2 fr., art. 43, n° 10, de la loi du 28 avril 1816.

(125) 2 fr., art. 43, n° 11, de la loi du 28 avril 1816.

(126) 2 fr., art. 43, n° 12, de la loi du 28 avril 1816.

protêt, protestations, publications et affiches, saisies, saisies-arrêts, séquestres, mainslevées, et généralement tous actes extrajudiciaires des huissiers ou de leur ministère, qui ne peuvent donner lieu au droit proportionnel, sauf les exceptions mentionnées dans la présente ;

Et aussi les exploits, significations et tous autres actes extrajudiciaires faits pour le recouvrement des contributions directes et indirectes, et de toutes autres sommes dues à la nation, même des contributions locales, mais seulement lorsque la somme principale excède vingt-cinq francs. (127)

---

(127) Cette disposition et la précédente ont subi de nombreuses modifications, dont voici le résumé.

Exploits sujets au droit de cinquante centimes, V. la note 106.

Sont sujets au droit d'un franc : les significations d'avoué à avoué devant les cours d'appel, et les exploits, significations et tous autres actes extrajudiciaires tant en action qu'en défense, ayant pour objet soit le recouvrement des deniers publics et dus à l'État, ainsi que des contributions locales, soit le recouvrement des sommes dues pour mois de nourrice, le tout lorsqu'il s'agira de cotes, droits et créances excédant en total la somme de cent francs. Art. 42 de la loi du 28 avril 1816, et 6 de la loi du 16 juin 1824.

Sont sujets au droit d'un franc cinquante centimes : les exploits relatifs aux procédures en matière civile devant les juges de paix, jusques et y compris les significations des jugements définitifs, lorsqu'ils ne peuvent donner lieu au droit proportionnel. Art. 5 de la loi du 19 juillet 1845.

Sont sujets au droit de deux francs : les exploits, les significations, les commandements, demandes, notifications, offres ne faisant pas titre au créancier et non acceptées, oppositions, sommations, procès-verbaux, assignations, protêts *, interventions à protêt *, protestations, publications et affiches, saisies, saisies - arrêts, séquestres, mains - levées, et généralement tous actes extrajudiciaires des huissiers ou de leur ministère qui ne peuvent donner lieu au droit proportionnel ; sauf les exceptions mentionnées dans la présente. Art. 43, n° 13, de la loi du 28 avril 1816.

Sont sujets au droit de trois francs : les exploits et autres actes des huissiers, relatifs aux procédures devant les cours d'appel, jusques et y compris la signification des arrêts définitifs, sauf les significations d'avoué à avoué et déclarations d'appel, spécialement tarifées; les significations d'avocat à avocat dans les instances à la cour de cassation et au conseil d'État. Art. 44, nos 7 et 11, de la loi du 28 avril 1816.

Sont sujets au droit de cinq francs : les déclarations et significations d'appel des jugements des juges de paix aux tribunaux civils; les exploits et autres actes du ministère des huissiers, relatifs aux procédures devant la cour de cassation et le conseil d'État, jusques et y compris les significations des arrêts définitifs, sauf les significations d'avocat à avocat et le premier acte de recours, qui sont spécialement tarifés. N° 3 du § 4 de l'art. 68 de la loi du 22 frimaire an 7 ; art. 13 de la loi du 27 ventôse an 9, et 45, n° 1, de la loi du 28 avril 1816.

Sont sujettes au droit fixe de dix francs, les déclarations et significations d'appel des jugements des tribunaux civils, de commerce et d'arbitrage. Art. 68, § 5, de la loi du 22 frimaire an 7, 13 de la loi du 27 ventôse an 9.

* 1 fr., décret du 23 mars 1848.

*Il sera dú un droit pour chaque demandeur ou défendeur, en quelque nombre qu'ils soient, dans le même acte, excepté les copropriétaires et cohéritiers, les parents réunis, les coïntéressés, les débiteurs ou créanciers associés ou solidaires, les séquestres, les experts et les témoins, qui ne seront comptés que pour une seule et même personne, soit en demandant, soit en défendant, dans le même original d'acte, lorsque leurs qualités y seront exprimées.* (128)

31° Les lettres missives qui ne contiennent ni obligation, ni quittance, ni aucune autre convention donnant lieu au droit proportionnel. (129)

32° Les nominations d'experts ou arbitres. (130)

33° Les prises de possession en vertu d'actes enregistrés. (107)

34° Les prisées de meubles. (107)

35° Les procès-verbaux et rapports d'employés, gardes, commissaires, séquestres, experts, arpenteurs et agents forestiers ou ruraux. (131)

36° Les procurations et pouvoirs pour agir ne contenant aucune disposition ni clause donnant lieu au droit proportionnel. (132)

37° Les promesses d'indemnités indéterminées et non susceptibles d'estimation. (133)

38° Les ratifications pures et simples d'actes en forme. (107)

39° Les reconnaissances aussi pures et simples, ne contenant aucune obligation ni quittance. (134)

40° Les résiliements purs et simples, faits par actes authentiques dans les vingt-quatre heures des actes résiliés. (135)

41° Les rétractations et révocations. (136)

42° Les réunions de l'usufruit à la propriété, lorsque la réunion s'opère par acte de

---

Est sujet au droit fixe de vingt – cinq francs, le premier acte de recours en cassation ou devant le conseil d'État, soit par requête, mémoire ou déclaration, en matière civile, de police simple ou de police correctionnelle. Art. 68, § 6, n° 3, de la loi du 22 frimaire an 7; loi du 21 pluviôse an 11; art. 47, n° 1, de la loi du 28 avril 1816.

(128) Cette disposition est générale; voir cependant le décret du 22 juillet 1806, art. 48, en ce qui concerne les actes relatifs au conseil d'État.

(129) 2 fr., art. 43, n° 14, de la loi du 28 avril 1816.

(130) Porté à 2 fr. pour les nominations d'experts hors jugements, par l'article 43, n° 15, de la loi du 28 avril 1816; et à 3 fr. pour les nominations d'arbitres, par l'art. 44, n° 2, de la même loi.

(131) 2 fr., art. 43, n° 16, de la loi du 28 avril 1816. — V. néanmoins le paragraphe 1er, n° 4, de l'art. 70.

(132) 2 fr., art. 43, n° 17, de la loi du 28 avril 1816.

(133) 2 fr., art. 43, n° 18, de la loi du 28 avril 1816.

(134) 2 fr., art. 43, n° 19, de la loi du 28 avril 1816.

(135) 2 fr., art. 43, n° 20, de la loi du 28 avril 1816.

(136) 2 fr., art. 43, n° 21, de la loi du 28 avril 1816.

cession, et qu'elle n'est pas faite pour un prix supérieur à celui sur lequel le droit a été perçu lors de l'aliénation de la propriété. (137)

43° Les soumissions et enchères, hors celles faites en justice, sur des objets mis ou à mettre en adjudication ou en vente, ou sur des marchés à passer, lorsqu'elles seront faites par actes séparés de l'adjudication. (107)

44° Les titres nouvels ou reconnaissances de rentes dont les contrats sont justifiés en forme. (138)

45° Les transactions, en quelque matière que ce soit, qui ne contiennent aucune stipulation de somme et valeur, ni dispositions soumises par la présente à un plus fort droit d'enregistrement. (139)

46° Les actes (les cédules exceptées) et jugements préparatoires, interlocutoires ou d'instruction des juges de paix ; certificats d'individualité, procès-verbaux d'avis de parents (140), *visa* de pièces et poursuites préalables à l'exercice de la contrainte par corps ; les oppositions à levée de scellés par comparence personnelle dans le procès-verbal ; les ordonnances et mandements d'assigner les opposants à scellés ; tous autres actes des juges de paix non classés dans les paragraphes et articles suivants, et leurs jugements définitifs portant condamnation de sommes dont le droit proportionnel ne s'élèverait pas à un franc. (141)

47° Tous les procès-verbaux des bureaux de paix desquels il ne résulte aucune disposition donnant lieu au droit proportionnel, ou dont le droit proportionnel ne s'élèverait pas à un franc.

48° Les actes et jugements de la police ordinaire et des tribunaux de police correctionnelle et criminelle, soit entre parties, soit sur la poursuite du ministère public, avec partie civile, lorsqu'il n'y a pas condamnation de sommes et valeurs, ou dont le droit proportionnel ne s'élèverait pas à un franc ; et les dépôts et décharges aux greffes desdits tribunaux, dans les mêmes cas où il y a partie civile.

49° Les jugements qui seront rendus en matière de contributions, soit directes ou indirectes, ou pour autres sommes dues à la nation, ou pour contributions locales, quel que soit le montant des condamnations, et de quelque autorité ou tribunal qu'émanent les jugements. (142)

50° Les procès-verbaux de délits et contraventions aux règlements généraux de police ou d'impositions.

---

(137) 3 fr., art. 44, n° 4, de la loi du 28 avril 1816.

(138) 3 fr., art. 44, n° 5, de la loi du 28 avril 1816.

(139) 3 fr., art. 44, n° 8, de la loi du 28 avril 1816.

(140) V. le n° 11 et la note.

(141) V. la note sur le n° 5 du § 2.

(142) Mêmes droits que pour les jugements rendus entre particuliers. Art. 39 de la loi du 28 avril 1816.

51° Et généralement tous actes civils (143), judiciaires ou extrajudiciaires, qui ne se trouvent dénommés dans aucun des paragraphes suivants, ni dans aucun article de la présente, et qui ne peuvent donner lieu au droit proportionnel.

(144)

---

(143) V. l'article 8 de la loi du 18 mai 1850, cité note 107, qui élève le droit pour ces actes à 2 francs.

(144) Les lois ultérieures avaient, par extension ou exception, établi le droit fixe formant le taux de ce paragraphe, pour un grand nombre d'actes ou dispositions. Ainsi, étaient assujettis à ce droit, qui est élevé, par l'art. 8 de la loi du 18 mai 1850, à 2 fr., taux actuel.

— Les marchés pour transport des greffes. Art. 131 du décret du 18 juin 1811.

— Les actes ou procès-verbaux constatant les ventes de navires, soit totales ou partielles. Loi du 21 avril 1818, art. 64.

— Les actes passés en France et translatifs de biens situés dans les colonies françaises où l'enregistrement est établi, et ceux passés dans les colonies et relatifs aux biens qui y sont situés. Avis du conseil d'Etat du 15 novembre - 12 décembre 1806, et n° 51 du § 1er ci-contre comprenant les actes dits innommés.

— Les adjudications au rabais et marchés pour constructions, réparations, entretien, approvisionnements et fournitures, dont le prix doit être payé directement ou indirectement par le Trésor public; et les cautionnements relatifs à ces actes. Lois des 28 avril 1816, art. 51, et 15 mai 1818, art. 73, nos 1 et 2.

— Les cautionnements en immeubles fournis par les conservateurs des hypothèques. Loi du 21 ventôse an 7, art. 5.

— Les cautionnements des receveurs particuliers pour le droit de navigation. Loi du 8 prairial an 11, art. 11.

— Les certificats à produire par les héritiers ou ayant droit de titulaires de cautionnements pour obtenir le remboursement. Décret du 18 septembre 1806, art. 2.

— Les déclarations des titulaires de cautionnements en faveur de leurs bailleurs de fonds, pour leur faire acquérir le privilège du second ordre, faites conformément au décret du 22 décembre 1812. Art. 3 de ce décret.

— Les déclarations faites pour remplacer en cas de perte les extraits d'inscription au grand livre. Décret du 3 messidor an 12, art. 2.

— Les délaissements de fonds, terrains ou bâtiments, par suite de desséchement des marais ou des travaux de navigation, routes etc., consentis par les propriétaires tenus à indemnité, dans les cas prévus par la loi du 16 septembre 1807. Art. 21, 31 et 39 de cette loi.

— Le paraphe qui doit précéder l'usage des registres de commerçants. Loi du 28 avril 1816, art. 73.

— Les polices d'assurances maritimes, sauf la perception du droit proportionnel, lorsqu'il sera fait usage de ces actes en justice. Loi du 16 juin 1824, art. 5.

— Les procès-verbaux de vente et de destruction de marchandises avariées, dressés en vertu de la loi du 21 avril 1818 sur les douanes. Art. 56 de cette loi.

— Les reconnaissances de sommes déposées à la caisse des consignations, délivrées par les préposés de cette caisse. Loi du 28 nivôse an 13, art. 3.

## § II.

*Actes sujets à un droit fixe de 2 francs.*

1° Les inventaires de meubles, objets mobiliers, titres et papiers.
*Il est dû un droit pour chaque vacation.* (145)

2° Les clôtures d'inventaires. (146)

·3° Les procès-verbaux d'apposition, de reconnaissance et de levée de scellés. (147)
*Il est dû un droit pour chaque vacation.*

4° Les procès-verbaux de nomination de tuteurs et curateurs. (148)

5° Les jugements des *juges de paix* portant renvoi ou décharge de demande, débouté d'opposition, validité de congé, expulsion, condamnation à réparation d'injures personnelles, et généralement tous ceux qui, contenant des dispositions définitives, ne donnent pas ouverture au droit proportionnel. (149)

6° Les ordonnances des juges des *tribunaux civils*, rendues sur requêtes ou mémoires, celles de référé, de compulsoire et d'injonction, celles portant permission de saisir-gager, revendiquer ou vendre ; et celles des commissaires du Directoire exécutif (150), dans les cas où la loi les autorise à en rendre.

Les actes et jugements préparatoires ou d'instruction de ces tribunaux et des arbitres ;

Et les actes faits ou passés aux greffes des mêmes tribunaux, portant acquiesce-

---

— Les soumissions souscrites par les particuliers ou les communes, relativement aux conditions attachées aux permissions de construire sur des terrains soumis à des servitudes pour la défense de l'État. Loi du 17 juillet 1819, art. 10; ordonnance du 1er août 1821, art. 10.

— Les actes relatifs à la confection des chemins de fer. (V. les diverses lois spéciales pour ces chemins.)

— Les récépissés de marchandises déposés dans les magasins généraux, suivant le décret du 12 mars 1848.

(145) Il n'est dû qu'un droit, sans égard au nombre des vacations, pour les inventaires dressés après faillite dans les cas prévus par le code de commerce. Art. 11 de la loi du 24 mai 1831.

(146) D'après la législation civile alors en vigueur, cette clôture avait lieu par un acte particulier. Elle fait aujourd'hui partie intégrante de l'inventaire. Par conséquent, ce nombre rentre dans le précédent.

(147) Droit porté à 4 fr. par la loi du 19 juillet 1845, art. 5. — En matière de faillite, dans les cas prévus par le code de commerce, il n'est dû que deux francs, sans égard au nombre des vacations. Art. 11 de la loi du 24 mai 1834.

(148) Le droit a été porté à 4 fr. par l'art. 5 de la loi du 19 juillet 1845. V. le § 1er, n° 11, ci-avant et la note ; et pour les curateurs, le § 4, n° 2.

(149) Le droit fixe a été élevé à 3 fr. par l'article 44, n° 9, de la loi du 28 avril 1816, pour le cas où le jugement est rendu en dernier ressort d'après la volonté expresse des parties, au delà des limites de la compétence.

(150) Celles du ministère public. Art. 6 du décret du 20 avril 1810.

ment, dépôt, décharge, désaveu, exclusion de tribunaux , affirmation de voyage, opposition à remise de pièces, enchères , surenchères , renonciation à communauté , succession ou legs ( *il est dû un droit par chaque renonçant* ), reprise d'instances, communication de pièces sans déplacement, affirmation et vérification de créance, opposition à délivrance de jugement. (151)

7° Les ordonnances sur requêtes ou mémoires, celles de réassigné, et tous actes et jugements préparatoires ou d'instruction *des tribunaux de commerce ;*

Et les actes passés aux greffes des mêmes tribunaux , portant dépôt de bilan et registres, opposition à publication de séparation , dépôt de sommes et pièces , et tous autres actes conservatoires ou de formalité. (152)

8° Les expéditions (153) des ordonnances et procès - verbaux des officiers publics de l'état civil, contenant indication du jour ou prorogation du délai pour la tenue des assemblées préliminaires (154) au mariage ou à divorce. (155)

(156)

---

(151) Le droit pour tous les actes compris dans ce numéro a été porté à 3 fr. par l'art. 44 , n° 10, de la loi du 28 avril 1816.

(152) Le droit pour ces ordonnances et actes a été porté à 3 fr. par l'art. 44 , n° 10, de la loi du 28 avril 1816.

(153) V. la note 6 sur l'art. 7.

(154) Antérieurement à la publication du code, l'état civil était réglé par le décret du 20 -25 septembre 1792.

(155) Divorce aboli. Loi du 8 mai 1816.

(156) A la nomenclature de ce paragraphe, il faut ajouter, outre les autres cas indiqués au paragraphe précédent, et notamment à la note 144 :

— Les actes de prêts sur dépôts ou consignations de marchandises, fonds publics français et actions des compagnies d'industrie et de finance , dans le cas prévu par l'article 93 du code de commerce. Loi du 8 septembre 1830.

— Les actes de protêts faits par les notaires. Loi du 24 mai 1834, art. 23. — V. décret du 23 mars 1848 et l'art. 8 de la loi du 18 mai 1830 (note 107).

— Les quittances et décharges de prix de ventes mobilières faites par les notaires , greffiers, commissaires - priseurs et huissiers , rédigées en forme authentique par ces officiers publics et soumises à la formalité dans le délai ordinaire de leurs actes. Avis du conseil d'État du 29 octobre 1809.

— Les quittances de répartition données par les créanciers aux syndics ou au caissier de la faillite en exécution de l'article 569 du code de commerce, quel que soit le nombre d'émargements sur chaque répartition. Loi du 24 mai 1834, art. 15.

— Les actes ayant pour objet de constituer les nantissements au profit des sous-comptoirs par voie de transport ou autrement, et d'établir leurs droits comme créanciers. Décret du 24 mars 1848.

## § III.

### *Actes sujets à un droit fixe de 3 francs.*

1° Les contrats de mariage qui ne contiennent d'autres dispositions que des déclarations, de la part des futurs, de ce qu'ils apportent eux-mêmes en mariage et se constituent, sans aucune stipulation avantageuse entre eux. (157)

La reconnaissance y énoncée de la part du futur d'avoir reçu la dot apportée par la future, ne donne pas lieu à un droit particulier.

Si les futurs sont dotés par leurs ascendants, ou s'il leur est fait des donations par des collatéraux ou autres personnes non parentes, par leur contrat de mariage, les droits, dans ces cas, sont perçus suivant la nature des biens, ainsi qu'ils sont réglés dans les paragraphes 4, 6 et 7 de l'article suivant.

2° Les partages de biens meubles et immeubles entre copropriétaires, à quelque titre que ce soit, pourvu qu'il en soit justifié. (158)

*S'il y a retour, le droit sur ce qui en fera l'objet sera perçu au taux réglé pour les ventes.*

3° Les prestations de serment des greffiers et huissiers, des juges de paix (159), des gardes des douanes, gardes forestiers et gardes champêtres, pour entrer en fonctions.

4° Les actes de société qui ne portent ni obligation, ni libération, ni transmission de biens meubles ou immeubles entre les associés ou autres personnes;

Et les actes de dissolution de société qui sont dans le même cas. (160)

5° Les testaments et tous autres actes de libéralité qui ne contiennent que des dispositions soumises à l'événement du décès, et les dispositions de même nature qui sont faites par contrat de mariage entre les futurs ou par d'autres personnes. (161)

*Le droit pour ces dispositions par acte de mariage sera perçu indépendamment de celui du contrat. (162)*

---

(157) Droit porté à 5 fr. par l'art. 45, n° 2, de la loi du 28 avril 1816. — V. aussi la note 162.

(158) Droit porté à 5 fr. par l'art. 45, n° 3, de la loi du 28 avril 1816. — En cas de partage testamentaire, V. quant aux droits de soulte l'article 5 de la loi du 18 mai 1850 (note 208, 3° alinéa).

(159) D'après le décret du 14 juin 1843 et l'art. 16 de la loi du 4 juin 1838, tous les huissiers ont les mêmes attributions. — Par suite, le droit pour les huissiers est de 15 fr. suivant le § 6, n° 4, ci-après.

(160) Le droit des actes de société et des actes de dissolution a été porté à 5 fr. par l'art. 45, n° 2, de la loi du 28 avril 1816.

(161) L'article 45, n° 4, de la loi du 28 avril 1816 a porté le droit à 5 fr. — En cas de partage testamentaire, V. quant aux droits de soulte l'art. 5 de la loi du 18 mai 1850 (note 208, 3° alinéa).

(162) Pour les donations de biens présents et à venir, faites par contrat de mariage, soit qu'elles soient faites cumulativement ou par des dispositions séparées, le droit proportionnel est

6° Les unions et directions de créanciers.

*Si elles portent obligation de sommes déterminées par les cointéressés envers un ou plusieurs d'entre eux, ou autres personnes chargées d'agir pour l'union, il sera perçu un droit particulier, comme pour obligation.* (163)

7° Les expéditions (164) des jugements *des tribunaux civils*, rendus en première instance ou sur appel, portant acquiescement, acte d'affirmation, d'appel, de conversion d'opposition en saisie; débouté d'opposition; décharge et renvoi de demande; déchéance d'appel; péremption d'instance; déclinatoire; entérinement de procès-verbaux et rapports; homologation d'actes d'union et atermoiements; injonction de procéder à inventaire, licitation, partage ou vente; main-levée d'opposition ou de saisie; nullité de procédure; maintenue en possession; résolution de contrat ou clause de contrat pour cause de nullité radicale; reconnaissance d'écriture; nomination de commissaires, directeurs et séquestres; publication judiciaire de donation; bénéfice d'inventaire, rescision, soumission et exécution de jugement;

Et généralement tous jugements de ces tribunaux, et de ceux *de commerce* et *d'arbitrage*, contenant des dispositions définitives qui ne peuvent donner lieu au droit proportionnel, ou dont le droit proportionnel ne s'élèverait pas à 3 francs, et qui ne sont pas classés dans les autres paragraphes du présent article. (165)

(166)

## § IV.

### *Actes sujets à un droit fixe de 5 francs.*

1° Les abandonnements de biens, soit volontaires, soit forcés, pour être vendus en direction;

---

dû pour les biens présents, toutes les fois qu'il est stipulé que le donataire entrera immédiatement en jouissance. Avis du conseil d'État du 22 décembre 1809.

(163) V. l'art. 69, § 2, n° 4, et la note.

(164) V. la note 6 sur l'art. 7.

(165) Le droit a été porté à 5 fr. par la loi du 28 avril 1816, art. 45, n° 5, pour les jugements des tribunaux civils prononçant sur l'appel des juges de paix; ceux desdits tribunaux et des tribunaux de commerce ou d'arbitres, rendus en premier ressort, contenant des dispositions définitives qui ne donneraient pas lieu à un droit plus élevé.

(166) Indépendamment des cas prévus dans ce paragraphe, et indiqués dans les précédents, sont assujettis au droit de 3 fr. :

— La prestation de serment des préposés des octrois, pour entrer en fonctions. Règlement du 17 mai 1809, art. 138, et ordonnance du 9 décembre 1814, art. 58.

— Les significations d'avocat à avocat dans les instances à la cour de cassation et aux conseils de sa majesté. Décret du 22 juillet 1806, art. 48, et loi du 28 avril 1816, art. 44.

Il doit être fait application pour ces actes de la dernière disposition du n° 30 du § 1er.

— Les procès-verbaux d'affirmations de créances, faits en exécution de l'art. 497 du code de

2° Les actes d'émancipation : *le droit est dû par chaque émancipé.* (167)

3° Les déclarations et significations d'appel des jugements de juges de paix, aux tribunaux civils. (168)

(169)

## § V.

### *Actes sujets à un droit fixe de 10 francs.*

Les déclarations et significations d'appel des jugements des tribunaux civils de commerce et d'arbitrage. (170)

(171)

---

commerce, lesquels ne sont assujettis en ce cas qu'à un seul droit fixe de trois francs, quel que soit le nombre des déclarations affirmatives.

(167) Le droit a été porté à dix francs, par la loi du 19 juillet 1845, art. 5.

(168) D'après l'art. 13 de la loi du 27 ventôse an 9, est applicable à ces actes la dernière disposition du n° 30 du § 1er.

(169) Dans ce paragraphe il faut comprendre, outre les autres actes notés dans les paragraphes précédents,

— Les exploits et autres actes du ministère des huissiers, relatifs aux procédures devant la cour de cassation et le conseil d'Etat, jusques et y compris les significations des arrêts définitifs. Art. 48 du décret du 28 juillet 1806, et 43, n° 1, de la loi du 28 avril 1816. Sauf le premier acte de recours, et les significations d'avocat à avocat, spécialement tarifés.

— Les reconnaissances d'enfants naturels autrement que par acte de mariage. Art. 45, n° 7, de la loi du 28 avril 1816.

— Les arrêts interlocutoires ou préparatoires rendus par les cours d'appel, lorsqu'ils ne seront pas susceptibles d'un droit plus élevé, et les ordonnances et actes désignés dans les n°s 6 et 7 du 2e paragraphe devant les mêmes cours. Loi du 28 avril 1816, art. 45, n° 6.

— Les actes et jugements interlocutoires ou préparatoires des divorces. Loi du 28 avril 1816, art. 45, n° 8. (Le divorce a été aboli par une loi du 8 mai 1816.)

(170) D'après l'article 13 de la loi du 27 ventôse an 9, est applicable à ces actes la dernière disposition du n° 30 du § 1er.

(171) Sous ce paragraphe il faut classer, outre les actes dont il a été mention aux paragraphes précédents,

— Les jugements rendus en dernier ressort par les tribunaux de première instance ou les arbitres, d'après le consentement des parties, lorsque la matière ne comportait pas ce dernier ressort; sauf la perception du droit proportionnel, s'il s'élève au-delà de dix francs. Art. 46, n° 1, de la loi du 28 avril 1816.

— Les arrêts définitifs des cours impériales, dont le droit proportionnel ne s'élèverait pas à dix francs. Art. 46, n° 2, de la loi du 28 avril 1816.

— Les arrêts interlocutoires ou préparatoires de la cour de cassation et du conseil d'Etat. Art. 46, n° 3, de la loi du 28 avril 1816.

— Les actes translatifs de propriété, d'usufruit ou de jouissance de biens tant meubles qu'im-

## § VI.

*Actes sujets à un droit fixe de 15 francs.*

1° Les actes de divorce. (172)

2° Les jugements des tribunaux civils, portant interdiction, et ceux de séparation de biens entre mari et femme, lorsqu'ils ne portent point condamnation de sommes et valeurs, ou lorsque le droit proportionnel ne s'élèverait pas à quinze francs.

3° Le premier acte de recours au tribunal de cassation, soit par requête, mémoire ou déclaration, en matière civile, de police ou correctionnelle. (173)

4° Les prestations de serment des notaires, des greffiers et huissiers des tribunaux civils, criminels, correctionnels et de commerce, et de tous employés salariés par la République (174), *autres que ceux compris sous le § III ci-dessus, nombre 3*, pour entrer en fonctions. (175)

## § VII.

*Actes sujets à un droit fixe de vingt-cinq francs.*

Chaque expédition (176) de jugement du tribunal de cassation, délivrée à partie. (177)

---

meubles situés soit en pays étranger, soit dans les colonies françaises où l'enregistrement n'est pas établi (relativement aux colonies où l'enregistrement est établi, V. la note 141, 3$^{me}$ alinéa) ; sans que, dans aucun cas, le droit fixe puisse excéder le droit proportionnel qui serait dû s'il s'agissait de biens situés en France. Avis du conseil d'État du 10 brumaire an 14 ; art. 4 de la loi du 16 juin 1824.

(172) Divorce aboli (Loi du 8 mai 1816).

(173) Le droit a été porté à vingt-cinq francs et déclaré applicable au premier acte de recours devant le conseil d'État, par l'art. 47, n° 1, de la loi du 28 avril 1816 ; V. aussi un arrêté du gouvernement du 21 pluviôse an 11.

(174) Par l'État.

(175) L'art. 14 de la loi du 27 ventôse an 9 et un décret du 31 mai 1807 ont ajouté le serment des avoués, et le même décret celui des avocats. — Deux ordonnances des 29 juillet et 7 octobre 1814 ont compris sous le même taux les prestations de serment des payeurs généraux et caissiers du Trésor public, des receveurs généraux et des comptables directement justiciables de la cour des comptes, soit qu'elles aient lieu devant cette cour ou devant les préfets.

(176) V. la note 6 sur l'art. 7. Le droit s'applique aux arrêts définitifs de la cour de cassation et du conseil d'État, suivant l'art. 47, n° 3, de la loi du 28 avril 1816 ; et l'article 47, n° 2, de la même loi classe au même taux les arrêts des cours impériales portant interdiction ou prononçant séparation de corps entre mari et femme.

(177) Outre les droits fixes classés dans les paragraphes qui précèdent, des lois ultérieures ont établi les taux qui suivent :

## DROITS PROPORTIONNELS.

69. Les actes et mutations compris sous cet article seront enregistrés et les droits payés

---

*Actes sujets au droit fixe de cinquante francs.*

1° Les actes de tutelle officieuse. Loi du 28 avril 1816, art. 48, n° 1.

2° Les jugements de première instance admettant une adoption. Loi du 28 avril 1816, art. 48, n° 2.

*Actes sujets au droit fixe de cent francs.*

— Les arrêts des cours d'appel confirmant une adoption. Art. 49, n° 1, de la loi du 28 avril 1816.

Les lettres-patentes accordées par décret donnent lieu à des droits d'enregistrement, calculés d'après le taux des droits de sceaux, conformément aux dispositions suivantes :

Il sera perçu, au profit du Trésor public, sur les lettres-patentes accordées par Sa Majesté, des droits de sceau et des droits d'enregistrement suivant le tableau ci-après. Aucune expédition desdites lettres - patentes ne pourra être délivrée que ces droits n'aient préalablement été payés, et qu'il n'en ait été justifié. Art. 35 de la loi du 28 avril 1816, ordonnance du 7 octobre 1848, loi du 29 janvier 1831, art. 14.

| ÉTAT DES DROITS DU SCEAU DES TITRES ET DES DROITS D'ENREGISTREMENT POUR LE COMPTE DU TRÉSOR PUBLIC. | | | |
|---|---|---|---|
| DATES des lois et ordonnances portant règlement sur les droits de sceau. | NATURE DES LETTRES-PATENTES SCELLÉES. | DROITS de SCEAU. | DROIT d'enregistrement à 20 p. 0 0. |
| | | F. | F. |
| | Renouvellement de lettres-patentes portant confirmation du même titre et changement d'armoiries. . . . . . de Comte. . . . . . . . . | 100 | 20 |
| | de Baron. . . . . . . . . . . . . | 50 | 10 |
| | de Chevalier. . . . . . . . . . | 15 | 3 |
| | Collation du titre de duc. . . . . . . . . . . . . . . . . . . . . | » » | 3,000 |
| ORDONNANCE du 8 octobre 1814. | Collation du titre héréditaire de marquis, comte, vicomte et baron, lettres-patentes de chevalier et lettres de noblesse. . . . . de Marquis et Comte. . . . . | 6,000 | 1,200 |
| | de Vicomte. . . . . . . . . . . | 4,000 | 800 |
| | de Baron. . . . . . . . . . . . . | 3,000 | 600 |
| | de Chevalier. . . . . . . . . | 60 | 12 |
| | lettres de Noblesse. . . . . | 600 | 120 |
| | Grandes lettres de naturalisation. . . . . . . . . . . . . . . . . . . . | Gratis. | » » |
| | Lettres de déclaration de naturalité. . . . . . . . . . . . . . . . . . | 100 | 20 |
| | Lettres portant autorisation de se faire natulariser ou de servir à l'étranger. . . . . . . . . . . . . . . . . . . . . . . . . . | 500 | 100 |
| | Dispenses d'âge pour mariage. . . . . . . . . . . . . . . . . . . | 100 | 20 |
| | Dispenses de parenté pour le mariage. . . . . . . . . . . . . . . | 200 | 40 |
| ORDONNANCE du 26 décemb. 1814. | Lettres portant renouvellement d'anciennes armoiries. . . . . pour les villes de 1re classe. . . | 150 | 30 |
| | pour les villes de 2e — | 100 | 20 |
| | villes et com<sup>es</sup> de 3e — | 50 | 10 |
| | Lettres accordant des armoiries aux villes qui n'en ont pas encore. . . . . . les villes de 1re classe. . . . . . | 600 | 120 |
| | les villes de 2e — . . . . . . | 400 | 80 |
| | les villes de 3e — . . . . . . | 200 | 40 |
| Loi du 20 juillet 1837, art. 12. | Lettres portant réintégration dans la qualité de Français. . . . . . . . . . . | 100 | 20 |
| | Autorisations relatives aux changements et additions de nom. . . . . . . | 600 | 120 |

Seront exemptes du droit proportionnel établi ci-dessus les lettres - patentes de dispense d'âge suivant les quotités ci-après; savoir : (178-179-180-181)

pour mariage, délivrées aux personnes reconnues indigentes. Dans ce cas, la formalité de l'enregistrement sera donnée gratis. Art. 77 de la loi du 15 mai 1818.

La remise de tout ou partie des droits de sceau pour la délivrance des lettres de naturalité, des autorisations de service militaire ou d'acceptation de fonctions publiques à l'étranger , des dispenses d'âge et de parenté pour mariage, des lettres de réintégration dans la qualité de Français , des autorisations relatives aux changements et additions de nom, pourra être accordée par ordonnance ( décret), sur la proposition du garde des sceaux , ministre de la justice, lorsque les impétrants auront dûment justifié qu'ils sont hors d'état d'acquitter lesdits droits. — Le droit d'enregistrement établi par lesdites lettres sera réduit proportionnellement à la remise prononcée sur le droit du sceau. Art. 1er de la loi du 21 avril 1832, et 12 de la loi du 20 juillet 1837.

(178) Les transmissions de biens meubles à titre gratuit entre vifs, et celles qui s'effectuent par décès, seront assujetties aux diverses quotités de droit établies pour les transmissions d'immeubles de la même espèce. Art. 10 de la loi du 18 mai 1850.

(179) Les actes renfermant soit la déclaration par le donataire ou ses représentants, soit la reconnaissance judiciaire d'un don manuel, seront sujets aux droits de donation. Art. 6 de la loi du 18 mai 1850.

(180) Les mutations par décès et les transmissions entre vifs à titre gratuits d'inscriptions sur le grand - livre de la Dette publique, seront soumises aux droits établis pour les successions ou donations. — Il en sera de même des mutations , par décès , de fonds publics et d'actions des compagnies ou sociétés d'industrie et de finances étrangers dépendant d'une succession régie par la loi française , et les transmissions entre vifs , à titre gratuit , de ces mêmes valeurs au profit d'un Français. — Le capital servant à la liquidation des droits d'enregistrement sera déterminé par le cours moyen de la Bourse au jour de la transmission. — S'il s'agit de valeurs non cotées à la Bourse , le capital sera déterminé par la déclaration estimative des parties , conformément à l'art. 14 de la loi du 22 frimaire an 7, sauf l'application de l'art. 39 de la même loi, si l'estimation est reconnue insuffisante. Art. 7 de la loi du 8 juillet 1852. — Le transfert ou la mutation au grand-livre de la Dette publique d'une inscription de rente provenant de titulaires décédés ou déclarés absents ne pourra être effectué que sur la présentation d'un certificat délivré sans frais par le receveur de l'enregistrement, et visé par le directeur du département, constatant l'acquittement du droit de mutation par décès établi par l'art. 7 de la loi du 18 mai 1850. — Dans les départements autres que celui de la Seine, la signature du directeur de l'enregistrement devra être légalisée par le préfet. Art. 25 de la loi du 8 juillet 1852.

(181) Les prescriptions de trois et de cinq années, établies par les paragraphes 2 et 3 de l'article 61 de la loi du 22 frimaire an 7, pour la demande des droits concernant les omissions de biens dans les déclarations après décès , et les successions non déclarées, sont étendues à cinq années pour la première prescription , et à dix années pour la seconde. Art. 11 de la loi du 18 mai 1850. — Les droits de mutations par décès, des inscriptions de rentes sur l'État, et les peines encourues en cas de retard ou d'omission de ces valeurs dans la déclaration des héritiers , légataires ou donataires, ne seront soumis qu'à la prescription de trente ans. Art. 26 de la loi du 8 juillet 1852.

### § I. (182)

*Vingt-cinq centimes par cent francs.*

1° Les baux de pâturages et nourriture d'animaux.

*Le droit sera perçu sur le prix cumulé des années du bail ; savoir, à raison de vingt-cinq centimes par cent francs, sur les deux premières années, et du demi-droit sur les années suivantes.* (183)

2° Les baux à cheptel et reconnaissances de bestiaux.

*Le droit sera perçu sur le prix exprimé dans l'acte, ou, à défaut, d'après l'évaluation qui sera faite du bétail.* (184)

3° Les mutations qui s'effectueront par décès en propriété ou usufruit de *biens meubles* (185), en ligne directe. (186)

---

(182) Avant ce paragraphe prennent rang :

*A dix centimes par cent francs.*

Le droit de cautionnement des baux. Art. 9 de la loi du 27 ventôse an 9, et 1er de la loi du 16 juin 1824.

*A vingt centimes par cent francs.*

Les baux, sous-baux et cessions de baux. V. le n° 1er de ce paragraphe, le § 2, n° 5, et le § 3, n° 2.

(183) Tous les baux, les sous-baux, subrogations, cessions et rétrocessions de baux, dont le droit avait été déjà changé par les art. 8 et 9 de la loi du 27 ventôse an 9, ont été soumis au droit uniforme de vingt centimes par cent francs sur le prix cumulé de toutes les années, par l'art. 1er de la loi du 16 juin 1824 ; et leurs cautionnements, à moitié de ce droit.

(184) V. la note 183, quant au droit. La règle de perception pour cette espèce de baux n'a pas subi de modification.

(185) Même droit que pour les immeubles, tarifés au § 3, n° 4 (178).

(186) Sous le Tarif du 29 septembre 1722, les successions en ligne directe n'étaient pas imposées. Les successions en ligne collatérale ne payaient également aucun droit de contrôle ; mais elles acquittaient, sur les immeubles seulement, le centième denier, distinct du droit de contrôle. Du reste, les inventaires et les partages étaient tarifés à un droit proportionnel de contrôle qui, à défaut d'estimation, était remplacé par un droit fixe élevé : et ce droit était applicable aux biens tant meubles qu'immeubles provenant des différentes successions. La loi du 5 décembre 1790 établit un droit proportionnel d'enregistrement sur les mutations par décès en ligne directe, mais seulement quant aux immeubles ; néanmoins un droit proportionnel atteignait spécialement les legs de sommes et d'effets mobiliers en ligne directe : les autres successions étaient assujetties au droit proportionnel pour toutes sortes de biens. — Les Tarifs de 1722, de 1790 et de l'an 7 fournissent des rapprochements encore aujourd'hui utiles et intéressants. Comme il ne s'agit ici que d'un résumé de la législation actuelle, et non de ce travail synthétique, qui trouverait sa place dans un Dictionnaire complet, on pourra facilement, pour les rapprochements semblables à l'égard des autres dispositions, recourir au texte même des Tarifs.

## § 11.

### Cinquante centimes par cent francs.

1° Les abandonnements pour fait d'assurance ou grosse aventure. (187)

*Le droit est perçu sur la valeur des objets abandonnés.*

*En temps de guerre, il n'est dû qu'un demi-droit.*

2° Les actes et contrats d'assurance. (188)

*Le droit est dû sur la valeur de la prime.*

*En temps de guerre, il n'y a lieu qu'au demi droit.*

3° Les adjudications au rabais et marchés pour constructions, réparations, entretien, approvisionnements et fournitures dont le prix doit être payé par le Trésor national (189), ou par les administrations centrales (190) et municipales, ou par des établissements publics. (191)

*Le droit est dû sur la totalité du prix.*

Et celles au rabais de la levée des contributions directes.

*Le droit est assis sur la somme à laquelle s'élève la remise du percepteur, d'après le montant du rôle.* (192)

4° Les atermoiements entre débiteurs et créanciers.

*Le droit est perçu sur les sommes que le débiteur s'oblige de payer.* (193)

5° Les baux ou conventions pour nourriture de personnes, lorsque les années sont limitées. (194)

*Le droit est dû sur le prix cumulé des années du bail ou de la convention; mais si la*

---

Indépendamment des autres articles du Tarif qui, par suite de modifications, peuvent rentrer dans le paragraphe 1er, on doit y ajouter les libérations, n° 11, du § 2 (202).

(187) Le droit a été porté à un pour cent par l'art. 51, n° 1, de la loi du 28 avril 1816.

(188) Le droit a été porté à un pour cent par l'art. 51, n° 2, de la loi du 28 avril 1816, sauf la perception d'un droit fixe d'un franc seulement sur les polices d'assurances maritimes, pour lesquelles le droit proportionnel deviendrait exigible s'il en était fait usage en justice. Art. 5 de la loi du 16 juin 1824.

(189) Ces adjudications et leurs cautionnements ne sont possibles que d'un droit fixe d'un franc. V. à la note 151.

(190) V. la note 18.

(191) Les adjudications et marchés faits par les administrations et établissements publics sont assujettis au même droit que ceux entre particuliers, par l'article 51, n° 3, de la loi du 28 avril 1816.

(192) Ces adjudications qui avaient lieu sous la loi du 3 frimaire an 7, relative à la contribution foncière, ont cessé à partir du 5 ventôse an 12, qui a mis tous les percepteurs des contributions directes à la nomination du gouvernement.

(193) Les concordats ou atermoiements consentis conformément aux articles 507 et suivants du code de commerce, quelle que soit la somme que le failli s'oblige de payer, ne sont assujettis qu'à un droit fixe de 3 fr. Loi du 24 mai 1834, art. 14.

(194) Droit réduit à vingt centimes pour cent. V. la note 183.

*durée est illimitée, l'acte sera assujetti au droit réglé par le paragraphe V, nombre 2, ci-après.*

*S'il s'agit de baux de nourriture de mineurs, il ne sera perçu qu'un demi-droit, ou vingt-cinq centimes par cent francs sur le montant des années réunies.* (195)

6° Les billets à ordre, les cessions d'actions et coupons d'actions mobilières des compagnies et sociétés d'actionnaires, et tous autres effets négociables, de particuliers ou de compagnies, à l'exception des lettres-de-change tirées de place en place. (196)

*Les effets négociables de cette nature pourront n'être présentés à l'enregistrement qu'avec les protêts qui en auront été faits.*

7° Les brevets d'apprentissage, lorsqu'ils contiendront stipulation de sommes ou valeurs mobilières, payées ou non. (107)

8° Les cautionnements de sommes et objets mobiliers, les garanties mobilières, et les indemnités de même nature.

*Le droit sera perçu indépendamment de celui de la disposition que le cautionnement, la garantie ou l'indemnité aura pour objet, mais sans pouvoir l'excéder.*

*Il ne sera perçu qu'un demi-droit pour les cautionnements des comptables envers la République.* (197)

9° Les expéditions (198) des jugements contradictoires ou par défaut des juges de paix, des tribunaux civils, de commerce et d'arbitrage, de la police ordinaire, de la police correctionnelle et des tribunaux criminels, portant condamnation, collocation ou liquidation de sommes et valeurs mobilières, intérêts et dépens, entre particuliers, (199) excepté les dommages-intérêts, dont le droit proportionnel est fixé à deux pour cent sous le paragraphe V, nombre 8, ci-après.

*Dans aucun cas et pour aucun de ces jugements, le droit proportionnel ne pourra être au-dessous du droit FIXE, tel qu'il est réglé dans l'article précédent pour les jugements des divers tribunaux.*

Lorsque le droit proportionnel aura été acquitté sur un jugement rendu par défaut, la perception sur le jugement contradictoire qui pourra intervenir n'aura lieu que sur le supplément des condamnations ; il en sera de même des jugements rendus sur appel, et des exécutoires.

---

(195) Il n'est plus fait de distinction pour ces baux. V. la note 183.

(196) Pour les lettres de change, V. au § 3, n° 15, de l'art. 70. — Au moyen du droit de timbre établi, les cessions de titre ou de certificat d'actions seront exemptes de tout droit et de toutes formalités d'enregistrement. Art. 15 de la loi du 5 juin 1850.

(197) L'État.

(198) V. la note 6 sur l'art. 7.

(199) Sont assujettis au même droit les jugements en matière de contributions publiques ou locales et autres sommes dues à l'État et aux établissements locaux. Art. 39 de la loi du 28 avril 1816.

S'il n'y a pas de supplément de condamnation, l'expédition (198) sera enregistrée pour le droit *fixe*, qui sera toujours le moindre droit à percevoir.

Lorsqu'une condamnation sera rendue sur une demande non établie par un titre enregistré et susceptible de l'être, le droit auquel l'objet de la demande aurait donné lieu s'il avait été convenu par acte public, sera perçu indépendamment du droit dû pour l'acte ou le jugement qui aura prononcé la condamnation. (200)

(201)

10° Les obligations à la grosse aventure, ou pour retour de voyage.

11° Les quittances, remboursements ou rachat de rentes et redevances de toute nature; les retraits exercés en vertu de *réméré*, par actes publics, dans les délais stipulés, ou faits sous signature privée, et présentés à l'enregistrement avant l'expiration de ces délais, et tous autres actes et écrits portant libération de sommes et valeurs mobilières. (202)

(203)

## § III.

### *Un franc par cent francs.*

1° Les adjudications au rabais et marchés, autres que ceux compris dans le paragraphe

---

(200) Si, dans cette dernière hypothèse, le jugement était présenté à la formalité après le délai fixé, le double droit ne serait dû que sur le montant de la condamnation, et le droit simple seulement resterait exigible sur la convention faisant la matière de la demande; à moins que cette convention n'eût pour objet une transmission de propriété, d'usufruit ou de jouissance d'immeubles, susceptible par elle-même de la peine du double droit à défaut d'enregistrement dans les délais fixés par la loi, auquel cas le double droit serait aussi perçu sur la convention. Avis du conseil d'État du 5 août 1809.

(201) Lorsque, après une sommation extrajudiciaire ou une demande tendant à obtenir un paiement, une livraison ou l'exécution de toute autre convention, dont le titre n'aurait point été indiqué dans lesdits exploits, ou qu'on aura simplement énoncée comme verbale, on produira, au cours d'instance, des écrits, billets, marchés, factures acceptées, lettres ou tout autre titre émané du défendeur, qui n'auraient pas été enregistrés avant ladite demande ou sommation, le double droit sera dû, et pourra être exigé ou perçu lors de l'enregistrement du jugement intervenu. Loi du 28 avril 1816, art. 57.

(202) A partir du 1er janvier 1831,... le droit des actes ou écrits portant libération de sommes et valeurs mobilières désignées au n° 11 du § 2 de l'article 69 de la loi du 22 frimaire an 7, est réduit à vingt-cinq centimes par cent francs. Art. 9 de la loi du 7 août 1850.

(203) Sont sujettes au droit de ce paragraphe :

— Les ventes publiques de marchandises qui, conformément au décret du 17 avril 1812 et à l'ordonnance du 9 avril 1819, seront faites aux enchères, par le ministère des courtiers de commerce, d'après l'autorisation du tribunal de commerce. Art. 74 de la loi du 15 mai 1818; ordonnance du 9 avril 1819.

— Les ventes de meubles et marchandises qui seront faites en exécution de l'art. 486 du code de commerce. Loi du 24 mai 1834, art. 12.

— Les obligations de sommes (206).

précédent, pour constructions, réparations et entretien, et tous autres objets mobiliers susceptibles d'estimation, faits entre particuliers, qui ne contiendront ni vente ni promesse de livrer des marchandises, denrées ou autres objets mobiliers. (204)

2° Les baux à ferme ou à loyer, d'une seule année.

Ceux faits pour deux années.

*Le droit sera perçu sur le prix cumulé des deux années.*

Ceux d'un plus long temps, pourvu que leur durée soit limitée.

*Le droit sera également perçu sur le prix cumulé ; savoir : pour les deux premières années, à raison d'un franc par cent francs ; et pour les autres années, sur le pied de vingt-cinq centimes par cent francs.*

Et les sous-baux, subrogations, cessions et rétrocessions de baux.

*Le droit sera liquidé et perçu sur les années à courir, comme il est établi pour les baux ; savoir : à raison d'un pour cent sur les deux premières années restant à courir, et de vingt-cinq centimes par cent francs pour les autres années.* (205)

Seront considérés, pour la liquidation et le paiement du droit, comme baux de neuf années, ceux faits pour trois, six ou neuf ans.

Les baux de biens nationaux sont assujettis aux mêmes droits.

3° Les contrats, transactions, promesses de payer, arrêtés de comptes, billets, mandats ; les transports, cessions et délégations de créances à terme ; les délégations de prix stipulées dans un contrat, pour acquitter des créances à terme envers un tiers, sans énonciation de titre enregistré, sauf, pour ce cas, la restitution dans le délai prescrit, s'il est justifié d'un titre précédemment enregistré ; les reconnaissances, celles de dépôt de sommes chez des particuliers, et tous autres actes ou écrits qui contiendront obligation de sommes, sans libéralité et sans que l'obligation soit le prix d'une transmission de meubles ou immeubles non enregistrée. (206)

4° Les mutations *de biens immeubles* (207), en propriété ou usufruit, qui auront lieu par décès en ligne directe.

(208)

---

(204) V. le paragraphe 2, n° 3.

(205) Tout ce qui précède a été modifié quant au taux, ainsi que pour les règles qui y sont établies, par les lois postérieures, qui ont introduit une règle uniforme pour la perception sur ces sortes d'actes. V. la note 183.

(206) A partir du 1er janvier 1831,... les actes ou écrits tarifés au droit d'un pour cent par l'article 69, § 3, n° 3, de la loi du 22 frimaire an 7, ne seront sujets qu'au droit de demi pour cent. Art. 9 de la loi du 7 août 1830.

(207) Et celles de biens meubles (178).

(208) Sous ce paragraphe du tarif viennent encore se ranger, outre les actes mentionnés dans les notes relatives à d'autres paragraphes,

— Les échanges de biens immeubles. Art. 2 de la loi du 16 juin 1824 et 16 de la loi du 21 mai 1834. — Le droit de transcription mentionné dans la note 215 est applicable à ces actes, et doit être ajouté.

## § IV.

### *Un franc vingt-cinq centimes par cent francs.*

1° Les donations (209) entre-vifs en propriété ou usufruit *de biens meubles* (210), en ligne directe.

*Il ne sera perçu que moitié droit, si elles sont faites par contrat de mariage aux futurs.*

2° Les mutations en propriété ou usufruit *de biens meubles* (211), qui s'effectuent par décès entre collatéraux et autres personnes non parentes, soit par succession, soit par testament ou autre acte de libéralité à cause de mort. (212)

*Il ne sera perçu que moitié droit pour celles qui auront lieu entre époux.* (213)

(214) — (215)

---

— Les donations contenant partage, faites par actes entre-vifs conformément aux articles 1075 et 1076 du code civil, par les père et mère ou autres ascendants, entre leurs enfants et descendants, en ce qui concerne les biens immeubles qui en font l'objet; ainsi qu'il est réglé pour les successions en ligne directe. Art. 3 de la loi du 16 juin 1824. — V. la note 215. Le droit additionnel mentionné en cette note est applicable à ces actes; mais il ne sera perçu, suivant l'art. 3 de la loi du 16 juin, pour lesdites donations, que lorsque la transcription en sera requise au bureau des hypothèques. — Conformément à l'article 3 de la loi du 16 juin 1824, les donations portant partage faites par actes entre-vifs par les père et mère ou autres ascendants, ne donneront ouverture qu'aux droits établis pour les successions en ligne directe; mais les règles de perception concernant les soultes de partage leur seront applicables, ainsi qu'aux partages testamentaires, également autorisés par les articles 1075 et 1076 du code civil. Art. 5 de la loi du 18 mai 1850. — Suivant l'article 10 de cette dernière loi (178), les meubles compris dans ces donations, qui n'étaient assujettis qu'au droit de vingt-cinq centimes par cent francs, sont passibles des mêmes droits que les immeubles.

(209) Ou démissions. Art. 10 de la loi du 27 ventôse an 9.

(210) Même droit que pour les immeubles, tarifés au § 6, n° 2 (178), sauf l'application du deuxième alinéa de ce numéro.

(211) Même droit que pour les immeubles, tarifés aux paragraphes suivants (178).

(212) Ce droit a été successivement changé. V. les paragraphes suivants.

(213) Cette restriction a cessé de subsister depuis l'article 53 de la loi du 28 avril 1816, cité à la note qui suit.

(214) Après le paragraphe qui précède venait le droit à *un franc cinquante centimes* établi par les lois postérieures, pour les actes suivants :

— Les donations entre-vifs et les mutations par décès, soit par succession, soit par testament ou autres actes de libéralité à cause de mort, de propriété ou d'usufruit, de biens meubles, entre époux, suivant l'article 53 de la loi du 28 avril 1816; mais il est dû le même droit que pour les immeubles, tarifés au § 6, n° 3 (178).

— Les donations entre-vifs par contrat de mariage, en propriété ou usufruit, de biens immeubles, entre époux. Art. 53 de la loi du 28 avril 1816.—V. la note 215 qui est applicable à ces actes.

(215) Dans tous les cas où les actes seront de nature à être transcrits au bureau des hypothè-

## § V.

### *Deux francs par cent francs.*

1° Les adjudications, ventes, reventes, cessions, rétrocessions, marchés, traités, et tous autres actes, soit civils, soit judiciaires, translatifs de propriété, à titre onéreux, de meubles, récoltes de l'année sur pied, coupes de bois taillis et de haute futaie, et autres objets mobiliers généralement quelconques, même les ventes de biens de cette nature faites par la nation.

Les adjudications à folle enchère de biens meubles sont assujetties au même droit, mais seulement sur ce qui excède le prix de la précédente adjudication, si le droit en a été acquitté.

2° Les constitutions de rentes, soit perpétuelles, soit viagères, et de pensions, à titre onéreux; les cessions, transports et délégations qui en sont faites au même titre, et les baux de biens meubles faits pour un temps illimité.

3° Les échanges de biens immeubles. (216)

*Le droit sera perçu sur la valeur d'une des parts, lorsqu'il n'y aura aucun retour. S'il y a retour, le droit sera payé à raison de deux francs (217) par cent francs sur la moindre portion, et comme pour vente sur le retour ou la plus-value.*

4° Les élections ou déclarations de command ou d'ami, sur adjudication ou contrat de vente de biens meubles, lorsque l'élection est faite après les vingt-quatre heures, ou sans que la faculté d'élire un command ait été réservée dans l'acte d'adjudication ou le contrat de vente.

5° Les engagements des biens immeubles.

6° Les parts et portions acquises par licitation de biens meubles indivis.

7° Les retours de partages de biens meubles.

8° Les dommages-intérêts prononcés par les tribunaux criminels, correctionnels et de police. (218)

(219)

---

ques, le droit sera augmenté d'*un et demi* pour cent, et la transcription ne donnera plus lieu à aucun droit proportionnel. Art. 54 de la loi du 28 avril 1816. — ( Sauf néanmoins les cas où le droit dont il s'agit se trouve déjà réuni et confondu avec le droit établi pour l'enregistrement, ce qui sera sous-entendu, quand le contraire ne sera pas indiqué dans les notes. )

(216) Le droit a été réduit à un pour cent. V. la note 208.

(217) V. la note 216.

(218) Et en matière civile. Art. 11 de la loi du 27 ventôse an 9.

(219) Au taux de ce paragraphe sont encore tarifés, indépendamment des actes qui seraient mentionnés dans les notes relatives aux autres paragraphes :

— Les adjudications et ventes de biens et domaines appartenant à l'État; et la soulte à payer à l'État dans le cas d'échange des mêmes biens et domaines. Art. 6 de la loi du 15 floréal an 10; 2 de la loi du 16 floréal an 10; 112 de la loi du 5 ventôse an 12; V. les art. 8 et 14 d'une ordonnance du 12 décembre 1827.

## § VI.

*Deux francs cinquante centimes par cent francs.*

1° Les donations entre-vifs en propriété ou usufruit *de biens meubles* (220), par des collatéraux, et autres personnes non parentes. (221)

*Il ne sera perçu que moitié droit, si elles sont faites par contrat de mariage aux futurs.* (222)

2° Les donations (223) entre-vifs en propriété ou usufruit *de biens immeubles* (224) en ligne directe. (225)

*Il ne sera perçu que moitié droit* (226), *si elles sont faites par contrat de mariage aux futurs.* (227)

3° Les transmissions de propriété ou d'usufruit *de biens immeubles* (228), qui s'effectuent par décès, entre époux. (229) — (230)

(231)

---

— Les donations entre-vifs en propriété ou usufruit de biens meubles par contrat de mariage, entre frères et sœurs, oncles et tantes, neveux et nièces, étaient aussi assujettis à ce droit par l'art. 53 de la loi du 21 avril 1832; mais il est dû pour les biens meubles le même droit que pour les immeubles, qui sont tarifés aux paragraphes suivants (178).

— Les transmissions d'offices, de la clientèle, des minutes, répertoires, recouvrements et autres objets en dépendant, faites en vertu de l'article 91 de la loi du 28 avril 1816. Loi du 25 juin 1841, art. 7, 8, 9, 10, 12, 13 et 14. Ces articles déterminent les règles à suivre pour cette perception.

(220) Même droit que pour les immeubles, tarifés aux paragraphes suivants (178).

(221) Ce droit a été successivement changé par la loi du 28 avril 1816 et celle du 21 avril 1832. V. les paragraphes suivants.

(222) V. la note 221.

(223) Ou démissions. Art. 10 de la loi du 27 ventôse an 9.

(224) Et de biens meubles. Art. 10 de la loi du 18 mai 1850.

(225) V. la note 215, qui est applicable à ces actes.

(226) V. la note 215, qui est applicable en ce cas.

(227) Il a été créé une autre exception par la loi du 16 juin 1824, art. 3, pour les donations avec partage. V. à la note 208.

(228) Et de biens meubles. Art. 10 de la loi du 18 mai 1850.

(229) Le droit est porté à trois pour cent par l'art. 53 de la loi du 28 avril 1816. V. à la note 231.

(230) Étaient passibles du taux de ce paragraphe :

— Les donations entre-vifs en propriété ou usufruit de biens meubles, par contrat de mariage, entre grands-oncles et grand'tantes, petits-neveux et petites-nièces, cousins germains. Art. 53 de la loi du 21 avril 1832; mais les meubles sont passibles du même droit que les immeubles, qui sont tarifés aux paragraphes suivants.

(231) Après le paragraphe qui précède devrait être classé le droit à trois pour cent créé par des modifications postérieures pour certains actes ou mutations :

## § VII.

*Quatre francs par cent francs.*

1° Les adjudications, ventes, reventes, cessions, rétrocessions et tous autres actes civils ou judiciaires translatifs de propriété ou d'usufruit *de biens immeubles*, à titre onéreux. (232)

Les adjudications à la folle enchère de biens de même nature sont assujetties au même droit, mais seulement sur ce qui excède le prix de la précédente adjudication, si le droit en a été acquitté. (233)

La quotité du droit d'enregistrement des adjudications de domaines nationaux sera réglée par des lois particulières. (234)

2° Les baux à rentes perpétuelles *de biens immeubles* (235), ceux à vie et ceux dont la durée est illimitée.

3° Les déclarations ou élections de command ou d'ami, par suite d'adjudication ou contrats de vente *de biens immeubles*, autres que celles de domaines nationaux, si la déclaration est faite après les vingt-quatre heures de l'adjudication ou du contrat, ou lorsque la faculté d'élire un command n'a pas été réservée. (236)

---

— Les donations entre-vifs en propriété ou usufruit, de biens immeubles, hors contrat de mariage, entre époux. Art. 53 de la loi du 28 avril 1816. — V. la note 215, qui est applicable. — Les meubles sont passibles des mêmes droits que celui qui est établi pour les immeubles par l'article 53 précité (178).

— Les mutations qui s'effectuent par décès, soit par succession, soit par testament ou autres actes de libéralité à cause de mort, en propriété ou usufruit, de biens immeubles, entre époux. Art. 53 de la loi du 28 avril 1816. — Le même droit est dû pour les biens meubles (178).

— Les donations entre-vifs hors contrat de mariage, et les mutations par décès, soit par succession, soit par testament ou autres actes de libéralité à cause de mort, en propriété ou usufruit, de biens meubles, entre frères et sœurs, oncles et tantes, neveux et nièces, passibles de ce droit suivant l'article 33 de la loi du 21 avril 1832, acquittent le même droit que pour les immeubles, tarifés aux paragraphes suivants (178).

— Les donations entre-vifs, par contrat de mariage, en propriété ou usufruit de biens meubles, entre parents au-delà du quatrième degré et jusqu'au douzième, qui, suivant l'art. 33 de la loi du 21 avril 1832, étaient sujettes à ce droit, sont assujetties au même droit que les immeubles, tarifés aux paragraphes suivants (178).

(232) Le droit d'enregistrement des ventes d'immeubles est fixé à cinq et demi pour cent; mais la formalité de la transcription au bureau de la conservation des hypothèques ne donnera plus lieu à aucun droit proportionnel. Art. 52 de la loi du 28 avril 1816.

(233) V. la note 232.

(234) V. à la note 219.

(235) V. la note 215, qui est applicable à ces actes. — L'art. 530 du code Napoléon a déclaré essentiellement rachetables les rentes perpétuelles.

(236) V. la note 232.

4° Les parts et portions indivises *de biens immeubles*, acquises par licitation.

5° Les retours d'échanges (237) et de partage *de biens immeubles*.

6° Les retraits exercés après l'expiration des délais convenus par les contrats de vente sous faculté de *réméré*. (238) — (239)

(240)

## § VIII.

### *Cinq francs par cent francs.*

1° Les donations entre-vifs *de biens immeubles*, en propriété ou usufruit, par des collatéraux, et autres personnes non parentes. (241)

*Il ne sera perçu que moitié droit, si elles sont faites par contrat de mariage aux futurs.* (242)

2° Les mutations *de biens immeubles*, en propriété ou usufruit, qui s'effectuent par décès, entre collatéraux et personnes non parentes, soit par succession, soit par testament ou autre acte de libéralité à cause de mort. (243)

(244) — (245)

---

(237) V. la note 245, qui est applicable aux retours d'échanges.

(238) V. la note 232.

(239) Étaient possibles du droit de ce paragraphe :

— Les donations entre - vifs hors contrat de mariage et les mutations par décès , soit par succession, soit par testament ou autres actes de libéralité à cause de mort, en propriété ou usufruit, de biens meubles, entre grands - oncles et grand'tantes , petits - neveux et petites-nièces , cousins germains , suivant l'article 33 de la loi du 21 avril 1832; mais il est dû pour les biens meubles le même droit que pour les immeubles, tarifés ci après (178).

— Les donations entre-vifs , par contrat de mariage , en propriété ou usufruit , de biens meubles , entre personnes non parentes , suivant l'art. 33 de la loi du 21 avril 1832; mais les biens meubles sont sujets au même droit que les immeubles, tarifés ci-après (178).

(240) Après ce paragraphe, il faudrait classer :

— Les donations entre-vifs, par contrat de mariage, en propriété ou usufruit, de biens immeubles, entre-frères et sœurs, oncles et tantes, neveux et nièces , - 4 fr. 50 c. pour 0/0. Art. 33 de la loi du 21 avril 1832. — Et celles de biens meubles (178).

(241) Ces droits ont été successivement modifiés par la loi du 28 avril 1816 et par celle du 21 avril 1832. V. les paragraphes précédents et la note (245).

(242) V. la note 241.

(243) La loi du 28 avril 1816 et celle du 21 avril 1832 ont successivement modifié ces droits. V. les paragraphes précédents et la note (245).

(244) Sous le taux de ce paragraphe doivent être classés :

— Les donations entre-vifs, par contrat de mariage, en propriété ou usufruit de biens immeubles, entre grands-oncles et grand'tantes, petits-neveux et petites-nièces , cousins germains. Art. 33 de la loi du 21 avril 1832. — Et celles de biens meubles (178).

# TITRE XI.

*Des actes qui doivent être enregistrés en debet ou gratis, et de ceux qui sont exempts de cette formalité.*

**70.** Seront soumis à la formalité de l'enregistrement, et enregistrés en *debet* ou *gratis*, ou exempts de cette formalité, les actes ci-après, savoir :

— Les donations entre-vifs hors contrat de mariage, et les mutations par décès, soit par succession, soit par testament, ou autres actes de libéralité à cause de mort, en propriété ou usufruit, de biens meubles, entre parents au-delà du quatrième degré et jusqu'au douzième, soumises à ce droit par l'art. 33 de la loi du 21 avril 1832, sont passibles du même droit que pour les biens immeubles, tarifés ci-après.

(245) Par suite de l'élévation subie par certains articles du tarif de la loi du 22 frimaire an 7, de nouveaux paragraphes devraient être établis, sous lesquels seraient classés, indépendamment des droits au même taux qui seraient déjà indiqués dans les notes relatives aux divers paragraphes, savoir :

*Cinq francs cinquante centimes par cent francs.*

Les donations entre-vifs par contrat de mariage, en propriété ou usufruit, de biens immeubles, entre parents au-delà du quatrième degré et jusqu'au douzième. Art. 33 de la loi du 21 avril 1832. — Et celles de biens meubles (178).

*Six francs par cent francs.*

— Les donations entre-vifs par contrat de mariage, en propriété ou usufruit, de biens immeubles, entre personnes non parentes. Art. 33 de la loi du 21 avril 1832. — Et celles de biens meubles (178).

— Les donations entre-vifs hors contrat de mariage, et les mutations par décès, soit par succession, soit par testament ou autres actes de libéralité à cause de mort, en propriété ou usufruit, de biens meubles, entre personnes non parentes, qui acquittaient ce droit suivant l'art. 33 de la loi du 21 avril 1832, sont assujettis au même droit que les immeubles, tarifés ci-après.

*Six francs cinquante centimes par cent francs.*

— Les donations entre-vifs hors contrat de mariage, et les mutations par décès, soit par succession, soit par testament ou autres actes de libéralité à cause de mort, en propriété ou usufruit, de biens immeubles, entre frères et sœurs, oncles et tantes, neveux et nièces. Art. 33 de la loi du 21 avril 1832. — Et celles de biens meubles (178).

*Sept francs par cent francs.*

Les donations entre-vifs hors contrat de mariage, et les mutations par décès, soit par succession, soit par testament ou autres actes de libéralité à cause de mort, en propriété ou usufruit, de biens immeubles entre grands-oncles et grand'tantes, petits-neveux et petites-nièces, cousins germains. Art. 33 de la loi du 21 avril 1832. — Et celles de biens meubles (178).

*Huit francs par cent francs.*

Les donations entre-vifs hors contrat de mariage, et les mutations par décès, soit par succes-

## § I<sup>er</sup>.

### A enregistrer en debet.

1° Les actes et procès-verbaux des juges de paix pour faits de police.

2° Ceux faits à la requête des commissaires du Directoire exécutif (246) près les tribunaux.

3° Ceux des commissaires de police.

4° Ceux des gardes établis par l'autorité publique pour délits ruraux et forestiers. (247)

---

sion, soit par testament ou autres actes de libéralité à cause de mort, en propriété ou usufruit, de biens immeubles, entre parents au-delà du quatrième degré et jusqu'au douzième. Art. 33 de la loi du 21 avril 1832. — Et celles de biens meubles (178).

*Neuf francs par cent francs.*

Les donations entre-vifs hors contrat de mariage et les mutations par décès, soit par succession, soit par testament ou autres actes de libéralité à cause de mort, en propriété ou usufruit, de biens immeubles, entre personnes non parentes. Art. 33 de la loi du 21 avril 1832. — Et celles de biens meubles (178).

*Vingt francs par cent francs.*

En cas de création nouvelle des charges ou offices désignés dans l'art. 91 de la loi du 28 avril 1816, ou en cas de nomination de nouveaux titulaires sans présentation, par suite de destitution ou pour tout autre motif, les ordonnances qui y pourvoieront seront assujetties à un droit d'enregistrement de vingt pour cent sur le montant du cautionnement attaché à la fonction ou à l'emploi. Sauf l'application du droit proportionnel établi par la loi, si les nouveaux titulaires étaient soumis, comme condition de leur nomination, à payer une somme déterminée pour la valeur de l'office. V. l'art. 12 de la loi du 25 juin 1841, et autres articles de cette loi cités à la note 219.

(246) A la requête du ministère public. Art. 6 du décret du 20 avril 1810.

(247) ....lorsque les délits ou contraventions intéresseront l'Etat, le Domaine de la couronne, ou les communes et les établissements publics; ceux des gardes de la pêche; les procès-verbaux de contravention dressés par les gardes du génie; ceux des fonctionnaires ou agents qui auront constaté des délits ou contraventions relatifs à la police des chemins de fer; les déclarations d'appel de tous les jugements rendus en matière de police correctionnelle, lorsque l'appelant sera emprisonné; les procès-verbaux relatifs aux poids et mesures, qui devront être enregistrés dans les quinze jours de l'affirmation; les procès-verbaux dressés pour constater des contraventions ou délits en matière de roulage, lesquels devront être enregistrés dans les trois jours de leur date ou de l'affirmation, et généralement tous actes et procès-verbaux des huissiers, gendarmes, préposés, gardes champêtres ou forestiers (autres que ceux des particuliers), concernant la police ordinaire, et qui ont pour objet la poursuite et la répression des délits et contraventions aux règlements généraux de police et d'impositions, lorsqu'il n'y aura pas de partie civile poursuivante, ou qu'elle aura négligé ou refusé de consigner les frais de poursuite; sauf, en ce cas, à poursuivre le recouvrement des droits contre qui il appartiendra et conformément à l'art. 37, sans préjudice du recouvrement des droits contre les condamnés. Art. 3 de la loi du 29 mars 1806; 5 de l'ordon-

5° Les actes et jugements qui interviennent sur ces actes et procès-verbaux.

*Il y aura lieu de suivre la rentrée des droits d'enregistrement de ces actes, procès-verbaux et jugements, contre les parties condamnées, d'après les extraits des jugements, qui seront fournis aux préposés de la régie par les greffiers.* (248)
(249)

## § 11.

### *A enregistrer gratis.*

1° Les acquisitions et échanges faits par la République (251) ; les partages de biens entre elle et des particuliers, et tous autres actes faits à ce sujet. (250)

2° Les exploits, commandements, significations, sommations, établissements de garnison, saisies-arrêts, et autres actes, tant en action qu'en défense, ayant pour objet le recouvrement des contributions directes et indirectes, et de toutes autres sommes dues à la République (251), à quelque titre et pour quelque objet que ce soit, même des con-

---

nance du 22 mai 1816; 74 de la loi du 25 mars 1817; 170 du code forestier; 33 de l'ordonnance du 1er août 1821; 47 de la loi du 15 avril 1829; 24 de la loi du 15 juillet 1845; 42 de l'ordonnance du 17 avril 1839; 19 de la loi du 30 mai 1851.

(248) En même temps et de la même manière que la rentrée des frais de justice. La relation du receveur de l'enregistrement devra toujours faire mention du montant des droits en suspens, pour en faciliter l'emploi et le recouvrement dans la taxe des frais. Art. 4 et 5 de l'ordonnance du 22 mai 1816.

(249) Sous ce paragraphe doivent encore être classés :

— Les actes de procédure et jugements relatifs aux contestations entre patrons et ouvriers devant les conseils de prud'hommes, et aux causes du ressort des conseils de prud'hommes portées en appel ou devant la Cour de cassation. — Les actes de procédure relatifs à toutes les causes qui sont de la compétence des conseils de prud'hommes, et dont les juges de paix sont saisis dans les lieux où ces conseils ne sont pas établis. — Les actes de procédure et jugements concernant les contestations relatives aux engagements respectifs des gens de travail au jour, au mois et à l'année, et de ceux qui les emploient; des maîtres, des domestiques ou gens de service à gages, des maîtres et de leurs ouvriers ou apprentis; et les contestations relatives au paiement des nourrices. Loi du 25 mai 1838, art. 5; loi du 27 août 1850; loi du 22 janvier 1851, art. 27.

— Les actes de la procédure faite dans le cas d'assistance judiciaire. Loi du 22 janvier 1851.

— Les procès-verbaux dressés pour constater les contraventions et délits en matière de roulage. Art. 19 de la loi du 30 mai 1851.

(250) Les acquisitions et échanges faits par l'État et le Domaine de la couronne, les partages de biens entre lui et des particuliers, et tous autres actes faits à ce sujet; sauf le droit proportionnel sur les soultes qui seraient payées à l'État. Art. 7 du décret du 11 juillet 1812, 8 et 14 de l'ordonnance du 12 décembre 1827.

(251) l'État.

tributions locales (252), lorsqu'il s'agira des cotes de vingt-cinq francs et au-dessous (253), ou de droits et créances non excédant en total la somme de vingt-cinq francs (254).

3° Les actes des huissiers et gendarmes, dans les cas spécifiés par le paragraphe suivant, nombre 9.

(255)

---

(252) Et le recouvrement des sommes dues pour mois de nourrices. Art. 6 de la loi du 16 juin 1824. — L'art. 5 de la loi du 25 mai 1838 attribue aux juges de paix le droit de connaître sans appel jusqu'à cent francs, et à la charge d'appel à quelque valeur que la demande puisse s'élever, des contestations relatives au paiement des nourrices; et l'art. 27 de la loi du 22 janvier 1851 déclare applicable à ces contestations la loi du 7 août 1850, qui porte que pour tous les actes de la procédure le visa pour timbre et l'enregistrement auront lieu en debet. — V. la note 249.

(253) Cent francs. Loi du 16 juin 1824, art. 6.

(254) Cent francs. Loi du 16 juin 1824, art. 6.

(255) Il convient de ranger sous ce paragraphe :

— Tous actes de poursuites devant les conseils de discipline, tous jugements, recours et arrêts rendus en vertu de la loi sur la garde nationale. Loi du 13 juin 1851, art. 106.

— Les actes judiciaires auxquels donnaient lieu les instances portées devant les cours d'appel et à la Cour de cassation, au sujet de la formation des listes électorales pour la nomination des députés. Art. 33 de la loi du 19 avril 1831.

— Les plans, procès-verbaux, certificats, significations, jugements, contrats, quittances et autres actes faits en vertu de la loi du 3 mai 1841 sur l'expropriation par cause d'utilité publique, et de celle du 30 mars 1831 relative aux expropriations pour des travaux de fortification.

Les concessionnaires des travaux publics exerceront les droits conférés à l'État.

Les droits perçus sur les acquisitions amiables faites antérieurement aux arrêtés du préfet seront restitués lorsque, dans le délai de deux ans à partir de la perception, il sera justifié que les immeubles acquis sont compris dans ces arrêtés. La restitution des droits ne pourra s'appliquer qu'à la portion des immeubles qui aura été reconnue nécessaire à l'exécution des travaux. Art. 58, 63 et 76 de la loi du 3 mai 1841.

— Les actes de recours contre les arrêtés des conseils de préfecture en matière de contribution personnelle et mobilière et des portes et fenêtres. Induction tirée de l'art. 30 de la loi du 21 avril 1832.

— Les actes de procédure et les jugements relatifs à toutes les causes portées devant les juges des droits de navigation du Rhin. Art. 11 de la loi du 21 avril 1832.

— Les contrats relatifs à des cessions volontaires de propriétés au profit de l'État, dans l'intérêt de la défense des places de guerre; et en cas de recours aux tribunaux, tous les actes de la procédure. Art. 64 et 75 de l'ordonnance du 1er août 1821.

— Les lettres-patentes de dispense d'âge pour mariage délivrées aux personnes reconnues indigentes. Art. 77 de la loi du 15 mai 1818, et 4 de la loi du 10 décembre 1850. — V. la note 474.

— Les actes de reconnaissance d'enfants naturels appartenant à des individus notoirement indigents. Art. 77 de la loi du 15 mai 1818.

## § III.

### *Exempts de la formalité de l'enregistrement.*

1° Les actes du Corps législatif et ceux du Directoire exécutif (256).

2° Les actes d'administration publique non compris dans les articles précédents.

3° Les inscriptions sur le grand livre de la dette publique, (257) leurs transferts et mutations, les quittances des intérêts qui en sont payés, et tous effets de la dette publique inscrits ou à inscrire définitivement. (258)

4° Les rescriptions, mandats et ordonnances de paiement sur les caisses nationales, leurs endossements et acquits.

5° Les quittances de contributions, droits, créances et revenus payés à la nation ;

---

— L'ordonnance d'élargissement des détenus pour dettes, faute de consignation d'aliments. Art. 30 de la loi du 17 avril 1832.

— Les actes de procédure et les jugements à la requête du ministère public, ayant pour objet 1° de réparer les omissions et faire les rectifications sur les registres de l'état civil, d'actes qui intéressent les individus notoirement indigents ; 2° de remplacer les registres de l'état civil perdus ou incendiés par les événements de la guerre, et de suppléer aux registres qui n'auraient pas été tenus. Art. 75 de la loi du 25 mars 1817.

— Les extraits des registres de l'état civil, les actes de notoriété, de consentement, de publication, les délibérations des conseils de famille, les certificats de libération du service militaire, les dispenses pour cause de parenté, d'alliance ou d'âge, les actes de reconnaissance des enfants naturels, les actes de procédure, les jugements et arrêts dont la production sera nécessaire pour la célébration du mariage des personnes indigentes et pour la légitimation ou le retrait de leurs enfants naturels déposés dans les hospices. Les actes ainsi délivrés ne pourront servir que pour les causes ci-dessus indiquées, sous les peines prévues par les lois en vigueur. Art. 8 de la loi du 3 juillet 1846. — Loi du 10 décembre 1850.

— Les citations, actes de procédure et jugements en matière de pêche côtière. Décret du 9 janvier 1852, art. 21.

— Tous titres ou expéditions à produire pour le remboursement ou la conversion des rentes 5 pour cent. Décret du 14 mars 1852.

— Les marchés qui étaient passés par les municipalités pour l'habillement des gardes nationaux. Décret du 24 mars 1848.

— Les actes de société qui étaient relatifs aux comptoirs nationaux d'escompte. Décret des 8 et 24 mars 1848.

(256) Du Gouvernement.

(257) Et tous effets émis par l'État. Loi du 4 thermidor an 8.

(258) Néanmoins, les inscriptions sur le grand-livre, dont les transmissions entre-vifs à titre gratuit avaient déjà été assujetties dans certains cas au droit proportionnel par l'art. 6 de la loi du 18 juillet 1836, sont assujetties, dans tous les cas de transmission entre-vifs à titre gratuit et de mutation par décès, aux droits proportionnels ordinaires (180).

celles pour charges locales, et celles des fonctionnaires et employés salariés par la République (259), pour leurs traitements et émoluments.

6° Les ordonnances de décharge ou de réduction, remise ou modération d'imposition, les quittances y relatives, les rôles et extraits d'iceux.

7° Les récépissés délivrés aux collecteurs (260), aux receveurs de deniers publics et de contributions locales, et les comptes de recettes ou gestions publiques.

8° Les actes de naissances, sépultures (261) et mariages, reçus par les officiers de l'état civil, et les extraits qui en sont délivrés.

9° Tous les actes et procès-verbaux, excepté ceux des huissiers et des gendarmes, qui doivent être enregistrés, ainsi qu'il est dit au paragraphe précédent, nombre 4, et jugements (262) concernant la police générale et de sûreté et la vindicte publique.

10° Les cédules pour appeler au bureau de conciliation, (263) sauf le droit de la signification.

11° Les légalisations de signatures d'officiers publics.

12° Les affirmations de procès-verbaux des employés, gardes et agents salariés par la République (264), faits dans l'exercice de leurs fonctions.

13° Les engagements, enrôlements, congés, certificats, cartouches, passeports, quittances pour prêt et fourniture, billets d'étape, de subsistance et de logement, tant pour le service de terre que pour le service de mer, et tous autres actes de l'une et l'autre administration, non compris dans les articles précédents.

Sont aussi exceptés de la formalité de l'enregistrement, les rôles d'équipages et les engagements de matelots et gens de mer et de la marine marchande et des armements en course.

14° Les passe-ports délivrés par l'administration publique.

15° Les lettres de change tirées de place en place, celles venant de l'étranger ou des colonies françaises (265), les endossements et acquits de ces effets, et les endossements et acquits des billets à ordre et autres effets négociables.

---

(259) L'État.
(260) Percepteurs.
(261) Décès. Art. 77 et 78 du code civil.
(262) Lorsqu'il n'y a pas de partie civile. Art. 1er de l'ordonnance du 22 mai 1816.
(263) Ou devant la justice de paix. Loi du 18 thermidor an 7.
(264) L'État.
(265) Sont sujettes au droit de vingt-cinq centimes par cent francs, les lettres de change tirées de place en place, et celles venant de l'étranger ou des colonies françaises, lorsqu'elles sont protestées faute de paiement. Elles pourront n'être présentées à l'enregistrement qu'avec l'assignation. — Dans le cas de protêt faute d'acceptation, les lettres de change devront être enregistrées seulement avant que la demande en remboursement ou en cautionnement puisse être formée contre les endosseurs ou les tireurs. — Les lettres de change tirées par seconde, troisième ou quatrième, pourront, quoique étant écrites sur papier non timbré, être enregistrées, dans le cas de protêt.

16° Les actes passés en forme authentique avant l'établissement de l'enregistrement, dans l'ancien territoire de France, et ceux passés également en forme authentique ou sous signature privée, dans les pays réunis, et qui y ont acquis une date certaine suivant les lois de ces pays, ainsi que les mutations qui se sont opérées par décès avant la réunion desdits pays.

(266)

---

sans qu'il y ait lieu au droit de timbre et à l'amende, pourvu que la première, écrite sur un papier au timbre proportionnel, soit représentée conjointement au Receveur de l'Enregistrement. Art. 50 de la loi du 28 avril 1816, et 6 de la loi du 1er mai 1822.

(266) Il y a lieu de ranger sous ce paragraphe :

— Les actes sous seing privé tendant uniquement à la liquidation de la dette publique, et en tant qu'ils servent aux opérations de la liquidation; ainsi que les actes des administrations et commissaires liquidateurs relatifs auxdites liquidations. Art. 1 et 2 de la loi du 6 frimaire an 8.

— Les actes, arrêtés et décisions des autorités administratives autres que ceux qui sont assujettis à l'enregistrement sur la minute. Art. 80 de la loi du 15 mai 1818. — V. l'art. 7 et la note.

— Les quittances des fournisseurs, ouvriers, maîtres de pension et autres de même nature, produites comme pièces justificatives d'un compte. Art. 537 du code de procédure.

— Le recours au conseil d'État contre les arrêtés des conseils de préfecture rendus sur les réclamations en matière de contribution personnelle et mobilière ou des portes et fenêtres. Art. 29 de la loi du 30 mars 1831, et 30 de la loi du 21 avril 1832.

— Les procès-verbaux et actes de porteurs de contrainte, relatifs à leur séjour chez les percepteurs et chez les redevables, sauf l'enregistrement du commandement qui précédera les saisies et les ventes. Art. 29 de la loi du 16 Thermidor an 8.

— Les rapports des employés des douanes, dans le cas où il ne se trouvera pas de bureau dans la commune du dépôt de la marchandise, ni dans celle où est placé le tribunal qui doit connaître de l'affaire. Loi du 9 floréal an 7, titre 4, art 9.

— Les délibérations des chambres des notaires, des avoués, des huissiers et des commissaires priseurs, et les pièces y relatives. Art. 13 de l'arrêté du 13 frimaire an 9, 1er de l'arrêté du 29 germinal an 9, 15 de l'arrêté du 2 nivôse an 12, 89 du décret du 14 juin 1813, 20 de l'ordonnance du 4 janvier 1843.

— Les procès-verbaux de vente et tous les actes qui y seront relatifs, et tous autres actes de régie des monts de piété. V. décret du 8 thermidor an 13, pour le mont de piété de Paris; les décrets sur l'organisation des autres monts de piété, et l'art. 8 de la loi du 24 juin 1851.

— Les pièces produites par les parties devant le conseil d'État, et signées par les avocats au conseil, à l'exception des exploits d'huissiers et des pièces qui, par l'usage qui en serait fait ailleurs ou par leur nature, seraient soumises à l'enregistrement. Art. 48 du décret du 22 juillet 1806.

— Les procurations données par les sous-officiers et soldats en retraite ou en réforme, à l'effet de toucher pour eux à la caisse du payeur les arrérages qui leur sont dûs. Art. 1er du décret du 21 décembre 1808.

# TITRE XII.

*Des lois précédentes sur l'enregistrement, et de l'exécution de la présente.*

71. Il sera établi de nouvelles bases pour l'administration de l'enregistrement, par une loi particulière.

En attendant, les lois qui existent sur son organisation, sa manutention et ses frais de régie, continueront d'être exécutées. (267)

72. La formalité de l'insinuation des donations entre-vifs continuera d'être donnée dans les bureaux de recette de l'enregistrement, dans les formes et sous les peines portées par les lois subsistantes, jusqu'à ce qu'il en ait été autrement ordonné. (268)

73. Toutes les lois rendues sur les droits d'enregistrement, et toutes dispositions d'autres lois y relatives, sont et demeurent abrogées pour l'avenir.

Elles continueront d'être exécutées à l'égard des actes faits et des mutations par décès effectuées avant la publication de la présente. (269)

---

— Les certificats de vie délivrés aux rentiers et pensionnaires de l'État. Art. 10 de la loi du 22 floréal an 7, 10 du décret du 24 août 1806.

— Les successions en ce qui concerne les indemnités attribuées aux héritiers d'émigrés, condamnés et déportés, par suite de la loi du 27 avril 1825. Art. 7 de la loi du 27 avril 1825.

— Les successions, titres et actes de tout genre produits par les anciens colons de Saint-Domingue, ou leurs créanciers, soit devant la commission, soit devant les tribunaux, pour justifier de leurs qualités et de leurs droits à l'indemnité accordée par la loi du 30 avril 1826. Art. 10 de la loi du 30 avril 1826.

— Les pouvoirs et autres titres produits par les porteurs de livrets de caisse d'épargne, pour vendre leurs inscriptions. Art. 7 de la loi du 24 novembre 1848.

— Les certificats, actes de notoriété et autres pièces exclusivement relatives à l'exécution de la loi sur les caisses de retraite ou rentes viagères pour la vieillesse. Art. 11 de la loi du 13 juin 1850.

— Les actes intéressant les sociétés de secours mutuels dûment autorisées. Art. 9 de la loi du 15 juillet 1850.

(267) V. l'Introduction, note 6.

(268) L'ancienne formalité de l'insinuation, devenue inutile au moyen de la transcription des donations aux bureaux des hypothèques, est totalement abolie. Code civil, titre des Donations, et Exposé des motifs; lettre du Grand-Juge du 19 brumaire an 12.

(269) L'art. 1er de la loi du 27 ventôse an 9 avait modifié cette disposition par la suivante, en rétablissant le principe d'après lequel la loi existante lors du paiement des droits règle leur quotité : A compter du jour de la publication de la présente, les droits d'enregistrement seront liquidés et perçus suivant les fixations établies par la loi du 22 frimaire an 7 et celles postérieures, quelle que soit la date ou l'époque des actes et mutations à enregistrer. —La plupart des lois subséquentes ont réglé que les actes et mutations qui auraient acquis date certaine avant leur promulgation seraient régis par les lois antérieures.

**58**

Les affaires actuellement en instance seront suivies d'après les lois en vertu desquelles elles ont été intentées.

La présente sera exécutée à compter du jour de sa publication (270)

---

(270) Des ordonnances insérées au bulletin des lois ont établi pour les colonies françaises une législation spéciale qui est néanmoins calquée sur les règles suivies pour la métropole. V. l'ordonnance du 31 décembre 1828—28 août 1829, pour la Martinique, la Guadeloupe et la Guyane française; et celle du 19 juillet—9 octobre 1829 pour l'Ile Bourbon. — Une ordonnance du 19 octobre 1841 a rendu exécutoires en Algérie, sauf les exceptions et modifications y exprimées, les lois qui régissent en France les droits d'enregistrement. — Enfin quelques exceptions établies pour la Corse par l'administrateur Miot ont continué de subsister, ainsi que l'ont reconnu deux décisions du ministre des finances des 12 juin 1817 et 30 juin 1818. Les principales, résultant d'un arrêté du 24 prairial an 9, ont fixé les droits : — pour les ventes d'immeubles, à trois francs cinquante centimes pour cent, y compris le droit de transcription établi par l'article 54 de la loi du 28 avril 1816; — pour les soultes et retours de partage, à deux pour cent; — pour les contrats de mariage et les dispositions éventuelles qui y sont contenues, à un franc cinquante centimes; — pour les donations en ligne directe par contrat de mariage, de meubles, à trente-un centimes un quart pour cent; et d'immeubles, à deux francs douze centimes et demi pour cent, y compris le droit de transcription; —et pour les donations entre époux par contrat de mariage, de meubles, à trente-un centimes un quart pour cent; et d'immeubles, à deux francs soixante-quinze centimes pour cent, y compris le droit de transcription.

Nota. — La loi du 6 prairial an 7, maintenue jusqu'à ce jour par les budgets annuels, porte qu'il sera perçu à titre de subvention extraordinaire de guerre, pour l'an 7, un décime par franc en sus des droits d'enregistrement, amendes, etc., et que cette subvention sera perçue en même temps que le principal.

# SOMMAIRE

## DES PRINCIPAUX DROITS PROPORTIONNELS D'ENREGISTREMENT.

*( Voir le texte et les notes. )*

—◦◦—

## DONATIONS ENTRE-VIFS.

| | | | | | |
|---|---|---|---|---|---|
| En ligne directe. | Hors c. de mariage.... | Meubles............ | 2 | 50 | 69, § 4, n. 1 ; § 6, n. 2, l. du 22 frim. an 7 ; 10, l. du 18 mai 1850. |
| | | Immeubles......... | 4 | 00 | 69, § 6, n. 2, l. de frim. ; 54, l. du 28 avril 1816. |
| | Par c. de mariage..... | Meubles............ | 1 | 25 | V. hors c. |
| | | Immeubles......... | 2 | 75 | V. hors c. |
| Entre époux.... | Hors c. de mariage.... | Meubles............ | 3 | 00 | 69, § 4, n. 2, 2e al., l. de frim. ; 53, l. du 28 avril 1816. 10, l. du 18 mai 1850. |
| | | Immeubles......... | 4 | 50 | 69, § 6, n. 3, loi de frim. ; 53 et 54, l. du 28 avril 1816. |
| | Par c. de mariage..... | Meubles............ | 1 | 50 | 53, l. du 28 avril 1816 ; 10, l. du 18 mai 1850. |
| | | Immeubles......... | 3 | 00 | 53 et 54, l. du 28 avril 1816. |
| Entre frères et sœurs, oncles et neveux.... | Hors c. de mariage.... | Meubles et Immeubles. | 6 | 50 | 33, l. du 21 avril 1832 ; 10, du 18 mai 1850. |
| | Par c. de mariage..... | Idem. ..... | 4 | 50 | Idem. |
| Entre grands-oncles et petits-neveux, cousins germains. | Hors c. de mariage... | Meubles et Immeubles. | 7 | 00 | 33, l. du 21 avril 1832 ; 10, du 18 mai 1850. |
| | Par c. de mariage..... | Idem. ..... | 5 | 00 | Idem. |
| Au-delà du 4e degré et jusqu'au 12e........ | Hors c. de mariage... | Meubles et Immeubles. | 8 | 00 | 33, l. du 21 avril 1832 ; 10, du 18 mai 1850. |
| | Par c. de mariage..... | Idem. ..... | 6 | 00 | Idem. |
| Entre personnes non parentes. | Hors c. de mariage... | Meubles et Immeubles. | 9 | 00 | 33, l. du 21 avril 1832 ; 10, du 18 mai 1850. |
| | Par c. de mariage..... | Idem. ..... | 6 | 00 | Idem. |

## MUTATIONS PAR DÉCÈS.

| | | | | |
|---|---|---|---|---|
| En ligne directe...................... | Meubles et Immeubles. | 1 | 60 | 69, § 1, n. 3 ; § 3, n. 4, l. de frim. an 7, 10, l. du 18 mai 1850. |
| Entre époux.......................... | Meubles et Immeubles. | 3 | 00 | 69, § 4, n. 2 ; § 6, n. 3, l. de frim. ; 53, l. du 28 avril 1816 ; 10, l. du 18 mai 1850. |
| Entre frères et sœurs, oncles et neveux.. | Meubles et Immeubles. | 6 | 50 | 33, l. du 21 avril 1832 ; 10, du 18 mai 1850. |
| Entre grands-oncles et petits-neveux, cousins germains. ...................... | Meubles et Immeubles. | 7 | 00 | 33, l. du 21 avril 1832 ; 10, du 18 mai 1850. |
| Au-delà du 4e degré et jusqu'au 12e..... | Meubles et Immeubles. | 8 | 00 | 33, l. du 21 avril 1832 ; 10, du 18 mai 1850. |
| Entre personnes non parentes.......... | Meubles et Immeubles. | 9 | 00 | 33, l. du 21 avril 1832 ; 10, du 18 mai 1850. |

# RECTIFICATIONS.

Page v de l'Introduction, ligne 38. *Au lieu de :* dernier, *lisez :* dix-septième.

— 1. Après la dernière ligne de la note 1, *ajoutez :* 12 juin 1834.

— 9. A la suite de la note 14, *ajoutez :* V. l'art. 70 et la note 247.

— 11. A la suite de la note 30, *ajoutez :* 15 août, décret du 16 février 1852.

— 15. Note 43, ligne 2. *Au lieu de :* 192, *lisez :* 200.

— 19. Note 64, ligne 2. *Au lieu de :* 193, *lisez :* 201.

— 23. A la suite de la note 94, *ajoutez :* 15 août, décret du 16 février 1852.

— 24. Ligne 4, à la fin du 2°, *ajoutez :* cinq ans, V. la note 181, et trente ans pour les rentes sur l'État.

— 24. Ligne 6, à la fin du 3°, *ajoutez :* dix ans, V. la note 181, et trente ans pour les rentes sur l'État.

ÉTAMPES. — Imprimerie de Aug. AL.'.'. N. 1853.

Imprimerie de Aug. ALLIER.

www.ingramcontent.com/pod-product-compliance
Lightning Source LLC
Chambersburg PA
CBHW071239200326
41521CB00009B/1539